Michael Imhof

Der Rhein

von Mainz bis Koblenz

Michael Imhof Verlag

Der Rhein

Der Rhein ist nach der Donau der längste und wasserreichste Fluss in Deutschland und seinen Nachbarstaaten. Die landschaftlich bezauberndste und berühmteste Rheinabschnitt bildet der Mittelrhein, der von Mainz bis Bonn reicht. Der Bereich von Bingen nach Koblenz – d. h. der canyonartige Durchbruch durch das Rheinische Schiefergebirge – ist seit dem Jahr 2003 UNESCO-Welterbe. Hier verläuft das Rheintal in engen Windungen. Der Rhein war in diesem Bereich bis zum 19. Jahrhundert derartig verengt, dass streckenweise nur kleine Schiffe die Stromschnellen passieren konnten. Größere Waren mussten umgeladen oder über Land transportiert werden.
Das Mittelrheintal zeichnet sich durch eine einzigartige Kulturlandschaft mit malerischen Ansichten, kunstgeschichtlich bedeutenden Burgen, Kirchen und historischen Ortsbildern aus. Wie kein anderer Abschnitt prägt es das Bild vom Rhein und insbesondere des malerischen Flusses, der von Burgen und pittoresken Ortschaften begleitet wird.

Burgen

Eine Besonderheit des Mittelrheins bildet die hohe Dichte an Burgen, die zur Sicherung der Territorialansprüche verschiedener Herren errichtet wurden. Gerade hier trafen die Territorien der vier wichtigsten Kurfürsten des Reiches – der drei geistlichen von Köln, Mainz und Trier und des weltlichen Kurfürsten der Pfalz – und Klöster (z. B. Prüm und Kornelimünster) sowie weiterer Adeliger (z. B. Grafen von Katzenelnbogen) aufeinander.
Sowohl die Burgen des Adels als auch die landesherrlichen Burgen waren nur für einen kleinen Personenkreis konzipiert. Die Adelsburgen bewohnten die Adelsfamilie, ihrer Bediensteten und die Bewaffneten. Die Burg war nicht nur Wohnsitz, sondern auch der Mittelpunkt des Herrschaftsbereichs mit den entsprechenden Verwaltungsfunktionen und bei den landesherrlichen Burgen auch Zollstätte.
Burgen in symbolträchtiger Höhenlage zu errichten, war im 11. Jahrhun-

Blick von der Schönburg auf Oberwesel

S. 3: Burg Ehrenfels zwischen Rüdesheim und Assmannshausen

Burg Ehrenfels mit dem Zollhaus, dem Mäuseturm und der Stadt Bingen, Kupferstich von Matthäus Merian, 1646

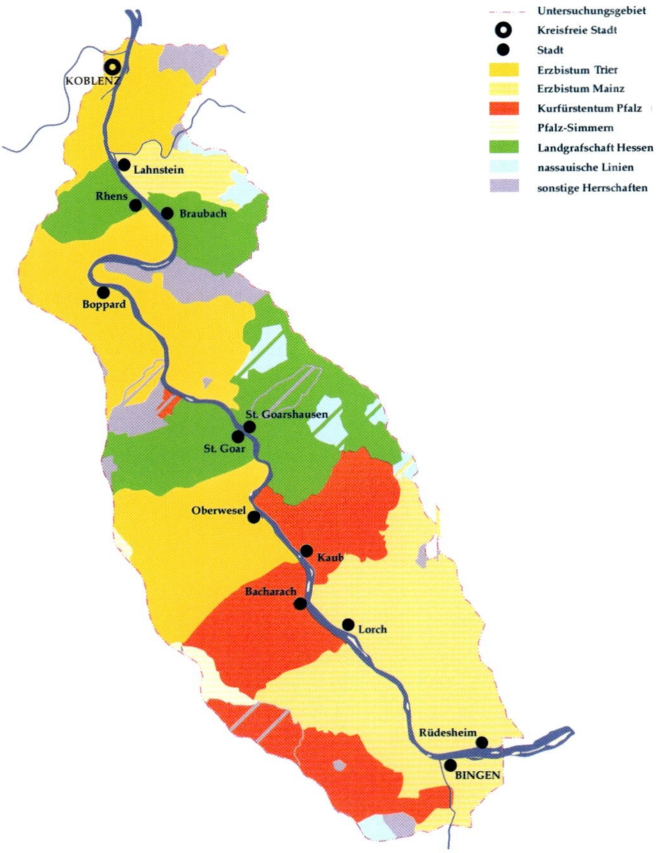

Gebietskarte Mittelrheintal zwischen Rüdesheim/Bingen und Koblenz, Territorialverhältnisse am Ende des 15. Jahrhunderts

dert noch dem Hochadel vorbehalten. Doch im 12. Jahrhundert gelangten auch Niederadelige (Ministeriale (Unfreie)) zu finanziellen Mitteln und zu Ansehen und erbauten als sichtbares Statussymbol gleichfalls Höhenburgen. Das Rheintal bot als Hauptverkehrsader und durch seine einzigartige Topographie eine ideale Voraussetzung zur Errichtung von Burgen. Diese bestanden seit dem 12. Jahrhundert aus dem mächtigen Bergfried (als Statussymbol und letzte Zufluchtsstätte bei Gefahr), dem Palas (einem geräumigen Steinbau als Hauptbau zum Wohnen und Repräsentieren), der Ringmauer, einer Toranlage und zumeist einer Kapelle. Im 14. Jahrhundert ergänzte man die Burg durch eine zusätzliche Zwingeranlage.

Die Mehrzahl der Burgen im Mittelrheintal wurde im 12. und 13. Jahrhundert gegründet und im 14. Jahrhundert ausgebaut. In der frühen Neuzeit behielten die Burgen als Mittelpunkt der Herrschaft ihre Bedeutung. Deshalb blieben sie bei kriegerischen Auseinandersetzungen noch im 17. und 18. Jahrhundert ein Angriffsziel.

Ihren ruinösen Charakter erhielten die Burgen am Rhein z. T. während des Dreißigjährigen Kriegs und 1688–89 im Zuge des Pfälzischen Erbfolgekriegs, bei dem die Burgen Ehrenfels, Rheinstein, Reichenstein, Sooneck, Fürstenberg, Stahleck, Schönburg, Stolzenfels, Lahneck, Rheineck, Sinzig, Burgbrohl und Andernach endgültig zerstört worden waren. Die Festung Ehrenbreitstein in Koblenz wurde 1795–99 nach mehrfacher Belagerung von den französischen Truppen eingenommen und 1801 gesprengt.

Im 19. Jahrhundert entdeckte man die Burgruinen als malerische Bauwerke von historischer Bedeutung im Zuge der Romantik wieder und baute sie z. T. aus. Anteil daran hatte insbesondere das preußische Königshaus, vornehmlich der Kronprinz und spätere König Friedrich Wilhelm IV, der 1813 von einem Besuch am Rhein begeistert zurück gekehrt war. 1815, als Napoleon endgültig besiegt war, besuchte er den „heiligen Strom“ erneut. 1823 schenkte ihm die Stadt Koblenz die Ruine Stolzenfels, die er wenig später zu einer malerischen neugotischen Burg ausbaute.

Auch Industriebarone und Professoren erwarben in den folgenden Jahrzehnten Burgen zum Ausbau. Sie imitierten den aufwändigen Lebenstil des Hochadels und erweckten den Anschein ähnlich langer Familientraditionen. Der Burgenwiederaufbau am Rhein wurde Vorbild für ähnliche Maßnahmen überall auf der Welt.

Zollstätten

Der Rhein ist seit Jahrtausenden ein wichtiger Transportweg. Auf dem

Mittelrhein wurden im Mittelalter vor allem Wein, Mühl- und Bausteine, Erze, Metall-, Ton- und Glaswaren sowie Holz befördert.
Den Rheinverkehr nutzten seit dem 10. Jahrhundert die Landesherren und Städte (jedoch nicht der Adel) zu ausgiebigen Zollerhebungen. Vornehmlich die Mainzer, Kölner und Trierer Erzbischöfe, die Grafen von Katzenelnbogen und die Pfalzgrafen profitierten von erheblichen Einnahmen. Sie errichteten unter anderem stattliche Burgen, um den Zoll eintreiben zu können.
Im 13. Jahrhundert wurden stromabwärts ab Bingen 20 Zollerhebungen gezählt. Der berühmte Mäuseturm bei Bingen und die gleichfalls auf einer Rheininsel gelegene Burg Pfalzgrafenstein bei Kaub sind derartige Zollstellen. Die Gebühren waren oft sehr hoch, so dass sich 1325–27 Papst Johannes XXII. über die überhöhten Zölle beklagte und er König Ludwig den Bayern aus dem Hause der Wittelsbacher Pfalzgrafen dreimal ermahnte, die Zolltarife bei Kaub zu reduzieren und erfolglos mit der Exkommunikation Ludwigs drohte.
Lange blieben daher die Zollstätten ein schweres Hindernis für den freien Warenverkehr, und erst 1868 sollte die Mannheimer Rheinschifffahrtsakte der Zollerhebung ein Ende bereiten.

Kirchen

Die Verbreitung des Christentums in spätantiker und frühmittelalterlicher Zeit lässt sich aufgrund fehlender Quellen nur schwer nachvollziehen. Erste Christen dürften im 3. Jahrhundert in Mainz gelebt haben. Spätestens im 4. Jh. gab es hier einen Bischofssitz.
Seit der Taufe des Merowingerkönigs Chlodwig 498 war zwar für die Franken das Christentum Staatsreligion. Innerhalb der Bevölkerung dauerte es jedoch noch Jahrhunderte, bis sich die Menschen von römischen und germanischen Glaubensvorstellungen distanziert hatten.
Der hl. Goar, der St. Goar am Rhein den Namen gab, gehört zu eine Grup-

Hl. Goar, Gewölbemalerei Ende 15. Jahrhundert in der ehem. Stiftskirche St. Goar in St. Goar

Bornhofen mit Wallfahrtskirche, Burg Liebenstein und Burg Sterrenberg, Lithographie um 1830

Bingen, St. Martin, Grabstein des Priesters Aetherius, 5. Jh., aus einem römischen Werkstück mit lateinischer Inschrift

Trechtingshausen, alte Pfarrkirche St. Clemens, Chorgestühl, Details, Anfang 16. Jahrhundert

pe von Missionaren, die sich im 6. und 7. Jahrhundert am Mittelrhein niederließen, um den christlichen Glauben zu predigen und zu praktizieren. Goar stammte aus Aquitanien (Frankreich) und war als Missionar und Einsiedler um 520 an den Rhein gekommen. Hier erbaute er eine kleine Kirche und missionierte die Landbevölkerung, speiste die Armen und kümmerte sich um Reisende und Kranke. Vor allem wird die Eröffnung des Hospizes in seiner Lebensbeschreibung hervorgehoben. Offenbar konnte Goar an diesem Ort besonders karitativ und missionarisch wirken, da hier eine große Zahl von Reisenden vorbei kam. Denn aufgrund der gefährlichen Stromschnellen des Rheinabschnitts in der Nähe der Wocherbachmündung bei St. Goar waren die Schiffsreisenden dazu gezwungen, an Land zu gehen. Wohl um 575 verstarb Goar.

Frühe Zeugnisse des Christentums aus dem 5. bis 8. Jahrhundert haben sich insbesondere in Form von Grabsteinen erhalten (z. B. in Boppard, Bingen, Mainz und Wiesbaden). Aus dem 9. und 10. Jahrhundert stammen dann die ältesten erhaltenen Kirchen: die Langhauswände von St. Johannes in Mainz und Teile des Querschiffs von St. Kastor in Koblenz.

Der Mainzer Erzbischof Willigis (975–1011) ließ einen der größten Bauten nördlich der Alpen errichten. Sein Domneubau besaß bereits die Ausmaße der heutigen romanischen Kirche. Allerdings brannte der Neubau 1009 am Tag vor der Weihe ab und wurde von seinen Nachfolgern wiederhergestellt.

Am Mittelrhein entstanden im ausgehenden 12. und im 13. Jahrhunder in der Zeit des Übergangs von der Romanik zur Gotik herausragende Kirchen, wie der Dom von Mainz, St. Ägidus in Mittelheim, Alte Pfarrkirche St. Clemens in Trechtingshausen, St. Peter in Bacharach, die Kirche in Hirzenach, St. Severus in Boppard, St. Johann der Täufer in Niederlahnstein, St. Kastor (mit karolingischen Bauteilen) und St. Florin (mit gotischem Chor) in Koblenz. Sie prägen noch heute die Stadtsilhouetten.

Darüber hinaus wurden auch im späten Mittelalter bedeutende gotische Kirchen errichtet, wie St. Stephan in Mainz, St. Martin in Bingen, St. Goar in Goar, die Wernerkapelle in Bacharach, die Liebfrauenkirche und St. Martin in Oberwesen oder die Pfarrkirche in Lorch.

Im frühen 16. Jahrhundert erlahmte die Bautätigkeit an den Kirchen infolge der Reformation. Als der Landgraf von Hessen 1527 und der Kurfürst von der Pfalz 1556 in ihren Ländern die Reformation durchführten, waren davon auch ihre Besitzungen entlang des Rheins betroffen. Da St. Goar zu Hessen-Kassel gehörte, entstand hier die älteste evangelische Kirchengemeinde der heutigen Evangelischen Kirche im Rheinland.

Während der Renaissance- und Barockzeit war die Bautätigkeit bei Kirchen geringer. Von der bedeutenden Jesuitenkirche in Koblenz von 1613–17 wurde nach ihrer Zerstörung im 2. Weltkrieg nur die Fassade erhalten. Nicht mehr erhalten ist auch die imposante, 1793 zerstörte Jesuitenkirche in Mainz von 1742–46 nach Entwurf des berühmten Balthasar Neumann, der beispielswiese die Würzburger Residenz, das Schloss in Koblenz-Ehrenbreitstein, die Klosterkirche in Neresheim und die Wallfahrtskirche Vierzehnheiligen entwarf. Prunkvolle barocke Innenräume des 18. Jahrhunderts sind somit nur noch anhand von drei Kirchen in Mainz ablesbar: St. Ignaz, St. Augustinus und St. Peter (im 2. Weltkrieg stark beschädigt).

Beachtlich ist die Zahl der Kirchen des 19. und frühen 20. Jahrhunderts. Hervorzuheben sind dabei die Kirchen in Mainz (bes. Christuskirche) und Koblenz (bes. die Herz-Jesu- bzw. die Josefs- sowie die Christuskirche) und insbesondere die neugotische Rochuskapelle oberhalb von Bingen sowie die Klosterkirche der Abtei St. Hildegard von Rüdesheim-Eibingen.

Rheinromantik

Noch heute wird der Rhein in erster Linie mit Burgen, Loreley, Drosselgasse und Wein in Verbindung gebracht. Das Rheinbild entspricht dem Bild, das sich die Romantik von ihm machte.

Entdeckt wurde der Rhein durch die Kunst und Literatur im ausgehenden 18. und im 19. Jahrhundert. Rheinreisen, Rheinansichten und Rheinbeschreibungen waren dabei wesentlich durch die Romantik geprägt. So entstand das Bild des pittoresken, wilden, sagenumwobenen und geschichtsträchtigen Rheins.

De Mittelrhein erfüllte die romantischen Sehnsüchte nach dem Heroischen. In den Städten und Ruinen sahen sich die Romantiker in eine Vergangenheit des ritterlichen Mittelalters zurückversetzt, die in Mythen, Märchen und Volksliedern überliefert waren. In diesem Zusammenhang entstand auch das Lied von der Loreley von Heinrich Heine aus dem Jahr 1823.

Die ersten Touristengruppen kamen aus England. Hier war Lord Byron (1788–1824) maßgeblich an der Romantisierung des Rheins beteiligt. Er beschrieb das Modell eines größen Landschaftsgartens. 1788 veröffentlichte John Gardnors (1729–1808) seine Landschaftsbeschreibung „Views taken on and near the River Rhine" mit 32 kolorierten Aquatintaradierungen. Die zweite verkleinerte Ausgabe von 1791 wurde zu einem beliebten Reisehandbuch.

Ohnehin war der Rhein – ebenso wie die Ruinenlandschaften Italiens und die Schweizer Alpen – während der Epoche der Romantik ein beliebtes Studien- und Reiseziel von Malern. Ein frühes Beispiel ist die Studie der

Burg Ehrenfels zwischen Rüdesheim und Assmannshausen, gez. 23. August 1803 von Johann Friedrich Morgenstern (1777–1844), Kreide und Sepia, 23,5 x 29,5 cm, Privatbesitz

Burg Ehrenfels des Frankfurter Malers Johann Friedrich Morgenstern von 1803. 1817 bereiste auch der berühmte englische Maler William Turner (1775–1851) erstmals den Rhein. In Anlehnung an seine zahlreichen Zeichnungen, die er in drei Skizzenbüchern gesammelt hatte, fertigte er nach seiner Rückreise 50 Aquarelle mit Rhein-Motiven.

Wichtige Voraussetzungen für die Entdeckung des Rheins waren auch technische Errungenschaften des 19. Jahrhunderts wie das Dampfschiff und die Eisenbahn. Als ihre Folge entstand ein Massentourismus und mit diesem die Massenherstellung von Ansichten und Reiseführern. Der Koblenzer Baedekerverlag begann 1935 seine berühmte Reiseführerreihe bezeichnenderweise mit dem Rheintal unter dem Titel „Rheinreise von Straßburg bis Rotterdam". 1846 erschienen die erste französische und 1861 eine englische Übersetzung. 1837 waren zudem ein weiterer Reiseführer „Handbuch für Reisende am Rhein" von Aloys Schreiber und „Handbook for Travellers on the Continent" von John Murray erschienen.

Der Kartograph Jakob Dielmann gab gleichfalls 1833 auf 20 Meter langen Streifen die Landschaft zwischen

Mainz und Koblenz wieder, so dass die Zuschauer ein rheinisches Panorama erleben können, ohne sich den Mühen einer wirklichen Reise zu unterziehen. Stahlstiche mit rheinischen Motiven fanden große Verbreitung und auch die frühe Fotografie widmete sich diesem Thema, als etwa 1853 das Werk „Les bords du Rhin – Monuments, Ruines, Vues pittoresques" des Charles Marville erschien.

Um eine Vorstellung über die Rheinbegeisterung des 19. Jahrhunderts zu erhalten, ist auch auf eine besondere Attraktion in Berlin aus dem Jahr 1833 zu verweisen. Hier nahmen bis zu dreißig Personen in einem Boot Platz, das künstlich zum Schaukeln gebracht wurde, während an den „Passagieren" auf zwei langen Stoffbahnen die Flusslandschaft vorüberzog.

Vom Tourismus profitierte nicht zuletzt die 1826 gegründete Preußisch-Rheinische Dampfschifffahrtsgesellschaft. Einer Statistik für das Jahr 1829 ist zu entnehmen, dass die Hälfte der 16 000 Passagiere, die die Strecke von Mainz nach Köln befuhren, Engländer waren, die mit Sicherheit mit touristischen Absichten den Rhein bereisten. 1843 beförderte die Dampfschifffahrtsgesellschaft Düsseldorf bereits 817 000 Fahrgäste. Die Eisenbahn bot zusätzliche Reisemöglichkeiten.

Bis heute besteht der Rhein-Tourismus. Die Drosselgasse in Rüdesheim ist mit etwa fünf Millionen Besuchern jährlich noch heute neben dem Kölner Dom die meistbesuchte Attraktion in Deutschland.

MAINZ

Um 13 v. Chr. gründete Drusus ein Lager, um das sich die Ansiedlung „Moguntia" entwickelte, die – nicht zuletzt durch die Errichtung einer Rheinbrücke – zu einer bedeutenden Ansiedlung und zur Hauptstadt der Provinz Obergermanien aufstieg.

Spektakuläre Zeugnisse aus Römischer Zeit sind heute vor allem im Landesmuseum (z. B. Steindenkmäler, Jupitersäule (Kopie auf dem Deutschhausplatz) und keramische Gefäße) und im „Museum für antike Schifffahrt" (Neutorstraße 2B) mit – einzigartig in Deutschland – fünf originalen Schiffswracks aus der Spätantike und einem vollständig rekonstruierten Schiffsmodell ausgestellt. In der ehem. Kaserne am Rheinufer des rechtsrheinischen Mainz-Kastel zeigt das „Museum Castellum" unter anderem römische Relikte und Rheinbrückenmodelle. Die römischen Bauwerke sind dagegen weitestgehend untergegangen. Eindrucks voll sind jedoch noch heute die sog. „Römersteine" südöstlich der Altstadt, d. h. 57 Pfeilerreste des 69–79 n. Chr erbauten, acht Kilometer langen Aquädukts – einer Wasserleitung, die aus vermutlich 500 Pfeilern bestand und eine

Mainz, „Römersteine" oberhalb der Unteren Zahlbacher Straße (ca. 1,4 km südöstlich des Hauptbahnhofs), 69–79 n. Chr.

Höhe von bis zu 35 Metern erreichte. Durch den Verlust der Wandverkleidung und Dekoration hat auch der Drususstein (innerhalb der Zitadelle gelegen) sein ursprüngliches Erscheinungsbild verloren, wenngleich die Größe noch etwas vom alten Glanz vermittelt. Darüber hinaus sind Reste des Theaters für 1000 Besucher (zwischen Zitadelle und Südbahnhof), eines Römertors (oberhalb der Kupferbergterasse) und des Isis- und Magna Mater-Heiligtums (unter dem Einkaufszentrum „Römerpassage") ergraben.

Mainz, Rheinfront mit Rathaus und Dom

Mainz, Zitadelle, Drususstein, 9 n. Chr.

Wohl im 3. Jahrhundert dürfte Mainz auch Bischofssitz geworden sein, auch wenn ein Mainzer Bischof erst 346 genannt wird. Trotz der Unruhen durch die Eroberung der germanischen Stämme 406/07 blieb das Christentum ein stadtprägender Faktor. Dennoch kann eine vollständige Bischofsliste erst ab 560 belegt werden. Wichtigste Persönlichkeit von Mainz war im frühen Mittelalters der 754 ermordete hl. Bonifatius, der Apostel der Deutschen. Er erhielt vom Papst 747 die Erzbischofswürde (für Mainz), die unter seinem Nachfolger Lullus (754–786) 780 fest an Mainz gebunden werden konnte. Wenig später stellte Karl der Große die bereits in der Römerzeit eingeführte, zwischenzeitlich aber in Verfall geratene Metropolitanverfassung wieder her, d. h. die Zusammenfassung mehrerer Bistümer zu einer Kirchenprovinz mit einem Erzbischof als Metropoliten an der Spitze. Dies führte dazu, dass Mainz mit 15 Suffraganbistümern (von Verden an der Aller bis Chur und Prag) die größte Kirchenprovinz des Christentums wurde. Darüber hinaus war der Mainzer Dom eine der Krönungskirchen des alten Reiches, in der sieben Königskrönungen stattfanden.

Mainz, Johanniskirche, um 900 und 1320–25

Der erste frühchristliche Dombezirk befand sich unter dem Westteil des heutigen Doms und der westlich gelegenen **Johanneskirche**, bei der es sich möglicherweise um die ältere Bischofskirche handelt. Im Vorgängerbau der dem hl. Martin geweihten Johanniskirche wurde wahrscheinlich 754 der Leichnam des hl. Bonifatius nach seinem Märtyrertod in Dokkum (Niederlanden) bis zu seiner Überführung nach Fulda aufgebahrt. Deshalb beginnt hier der 2004 eingeweihte „Bonifatiusweg“, ein Wanderweg, der dem Überführungswegs nach Fulda folgt. Den heutigen Bau ließ Erzbischof Hatto I. (893–913) um 900 errichten. Anstelle der Westapsis wurde um 1320–25 der gotische Westchor angefügt. Nach der Aufhebung des Stifts 1802 diente St. Johannes ab 1828 als evangelische Pfarrkirche, wobei man zugleich die 1737/38 niedergelegte Ostapsis als Ostfassade neu aufmauerte. 1952 wurde unter Leitung des Darmstädters Karl Gruber der romanische Zustand der 1942 ausgebrannten Kirche rekonstruiert.

Unmittelbar nach seiner Ernennung 975 durch Kaiser Otto II. begann der zielstrebige Erzbischof Willigis († 1011) mit dem Bau einer großen neuen

Mainz, Dom, ab 975, Ansicht von Westen

Domkirche. Einen Tag vor der Weihe 1009 brannte die Kathedrale jedoch ab. Vom Gründungsbau sind die Treppentürme im Ost und Teile des alten Westquerhauses erhalten. Die Grundmasse dieses Baus blieb beim Wiederaufbau bestimmend.
Nach einem Brand 1081 wurde dieser Bau bis 1239 kontinuierlich zu einer noch prächtigeren romanischen Kathedrale mit Einwölbung erneuert. Der Mainzer Dom ist damit neben dem Dom zu Speyer der älteste Gewölbebau Deutschlands. Zwischen 1480 und 1490 wurde der romanische Westturm durch eine spätgotische Glockenstube erhöht, kurz danach, vor 1498, erfolgte der Einbau der Marienkapelle. Nach einem Brand erneuerte 1769–74 der Ingenieurhauptmann Franz Ignaz Michael Neumann (1733–85), Sohn des Würzburger

Mainz, Dom, Marktportal mit den bronzenen Willigis-Türflügeln von 988

S. 13: Mainz, Dom von Nordosten

Baumeisters Balthasar Neumann, über dem gotischen Turmgeschoss eine steinerne barocke Turmbekrönung. Des Weiteren stellte man 1767 auf den Dachfirst eine Skulptur des hl. Martin mit dem Bettler (heute Kopie). 1828 erhielt der 1361 erhöhte Ostturm nach den Plänen Georg Mollers eine eiförmige Eisenkuppel, die 1870–79 aufgrund von Einsturzgefahr in den heutigen Formen erneuert werden musste.

Der Dom besitzt eine beachtliche Anzahl von mittelalterlichen und neuzeitlichen Grabdenkmälern, an denen sich fast ausnahmslos die Abfolge der Erzbischöfe und Bischöfe von Siegfried III. (gest. 1249) bis v. Ketteler (gest. 1874) sowie die Kunstepochen von Gotik bis Klassizismus nachvollziehen lassen.

Bemerkenswert sind darüber hinaus die beiden 988 gegossenen bronzenen Willigis-Türflügel mit Inschriften. Sie stehen in der Nachfolge der von Karl dem Großen in Auftrag gegebenen Türen des Aachener Doms. Portalrahmung und Tympanon mit der Darstellung des thronenden Christus gehören in die Zeit um 1200.

Vor dem Nordquerarm steht die 1137 geweihte Gotthard-Kapelle, die – in Entsprechung zum Gegenstück am Speyrer Dom – als Doppelkapelle ausgeführt wurde und als erzbischöfliche Palastkapelle diente, zumal das Obergeschoss direkt vom Bischofspalast aus zugänglich war. Der zweigeschossige Kirchentyp mit einer großen Verbindungsöffnung in der Mitte sollte später bei Burgenanlagen beliebt werden.

Das **Bischöfliche Dom- und Diözesanmuseum** ist in den Räumen rund um den Kreuzgang des Doms, unter anderem im ehem. Kapitelsaal, untergebracht. Es beherbergt wertvolle sakrale Kunstwerke, die zur Ausstattung des Mainzer Doms oder den Kirchen des Bistums gehörten, darunter die frühgotischen Plastiken des ehem. Westlettners des Mainzer Doms (um 1240), die dem Naumburger Meister zugeschrieben werden. Die Domschatzkammer zeigt insbesondere wertvolle liturgische Geräte (vor allem Silber- und Goldschmiedearbeiten), Reliquienbehälter, Bischofsstäbe, Kreuze und Buchdeckel) sowie wertvolle Bildteppiche.

Vom 13.–15. Jahrhundert war Mainz eine aufblühende freie Reichsstadt. Die wohlhabende Bürgerschaft veranlasste in der 2. Hälfte des 13. Jahrhunderts die Erbauung vieler Pfarrkirchen und Klöster, wobei sich verschiedene Ordensgemeinschaften ansiedelten, u. a. Karmeliter, Franziskaner, Antoniter.

Bedeutendster gotischer Bau der Stadt ist die doppelchörige Hallenkirche **St. Stephan** von 1290–1338. Der Vierungsturm erhielt 1740 seine (1962 rekonstruierte) barocke Haube. Besucht wird die im 2. Weltkrieg stark zerstörte Kirche heute vor allem aufgrund der neun von Marc Chagall geschaffenen Kirchenfenster. 1978 wurde das erste Fenster des damals 91 jährigen Künstlers eingesetzt, das letzte vollendete Chagall kurz vor seinem Tod 1985. In den sechs Fenstern des Ostchors sowie in den dreien des Querhauses werden Themen des Alten und Neuen Testaments als Zeichen der jüdisch-christlichen Verbundenheit und der Völkerverständigung gegenübergestellt. Die weitaus schlichteren Fenster in den Seitenschiffen und der

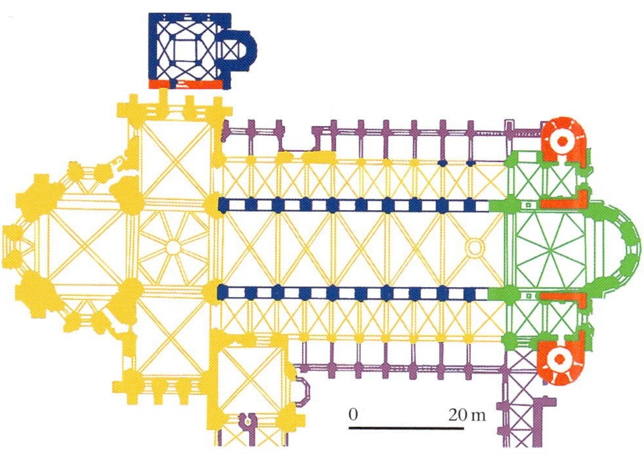

Mainz, Dom, Grundriss (nach Winterfeld).
rot = um 1009
grün = um 1100–25
blau = um 1137
gelb = 1190–1239
violett = gotisch

S. 15: Mainz, St. Stephan, 1290–1338, Kreuzgang, 1462–99

rechts: Mainz, Heilig-Geist-Spital, um 1236 und 1462

Taufkapelle sollen nur als Hinführung zu den eigentlichen Hauptwerken dienen. Sie wurden von Charles Marq, Leiter des Glasateliers Jacques Simon in Reims, geschaffen, mit dem Chagall 28 Jahre lang zusammen arbeitete.

Zur qualitätvollen mittelalterlichen Innenausstattung gehören der Flügelaltar mit einer kunsthistorisch bedeutsamen Kreuzigungsszene als Mitteltafel (um 1410), die spätgotischen Figuren des thronenden Gottvater und der Anna Selbtritt (beide um 1500), der Taufstein von 1330 sowie der Sakramentsschrein von 1500 mit den seitlich stehenden zeitgleichen Steinfiguren des hl. Stephan und der Maria Magdalena.

Im Süden der Pfarrkirche schließt sich der Kreuzgang (1462–99) an. Er überrascht vor allem durch sein originelles Netzgewölbe mit sternenförmigen Rippenfiguren, wappenbesetzten Schlusssteinen und Konsolen, die auf die Stifter verweisen. Epitapien und Grabplatten verweisen darauf, dass der Kreuzgang als Begräbnisplatz der Stiftsangehörigen diente. Im Osten schließen sich zwei Kapellen und eine Durchgangshalle (wahrscheinlich der ehem. Kapitelsaal) mit Mittelsäule an.

Zum Ansehen der Stadt trug nicht zuletzt Johannes Gutenberg (um 1398–1468) bei, der Erfinder des Buchdrukks mit beweglichen Lettern. Ein **Gutenbergdenkmal** steht heute auf dem Gutenbergplatz, der vom stattlichen Stadttheater (1829–33 von Georg Moller, 1910–12 erweitert) geprägt wird. Das Gutenbergdenkmal entwarf der bedeutende Bildhauer Thorvaldsen 1832–33 in Rom. Es wurde 1836 in der Pariser Werkstatt Crozatier in Bronze gegossen.

Das **Gutenberg-Museum** ist in unmittelbarer Nähe zum Dom im prächtigen, reich dekorierten „Haus zum Römischen Kaiser" (Liebfrauenplatz 5) von 1653–64 bzw. im Neubau der 1960er Jahre und aus dem Jahr 2000 untergebracht. Das Museum zeigt einen Überblick von den Anfänge der Druckkunst bis in die Gegenwart. Zu den Schätzen des Museums zählen historische Drucke, Graphiken, Druckpressen und Setzmaschinen sowie prachtvolle mittelalterliche Handschriften. Darunter befinden sich die Schedelsche Weltchronik von 1493 und die 42-zeilige Gutenberg-Bibel.

Hinter dem Gutenberg-Museum steht das **Heilig-Geist-Spital** (Rentengasse 2), das älteste erhaltene Bürgerspital

Mainz, Gutenbergdenkmal auf dem Gutenbergplatz, 1832–33

Mainz, Haus zum Römischen Kaiser (Gutenberg-Museum), 1653–64

in Deutschland, das ab 1236 errichtet wurde. Im Inneren sind vom ursprünglichen spätromanischen Krankensaal drei Schiffe der kreuzgewölbten Pfeilerhalle erhalten, über der die ehem. Kapelle liegt, die an der Fassade mit ihrer Apsis erkerartig auskragt. Kurz nach 1462 wurde der eingeschossige Krankensaal im nördlichen Teil zugunsten des heutigen gotischen zweigeschossigen großen Saals aufgegeben.

In unmittelbarer Nähe steht am Rheinufer der sechsgeschossige **Eisenturm**, der um 1240 errichtet und in der 1. Hälfte des 15. Jahrhunderts erhöht wurde. Die Tordurchfahrt zum Rhein ist als prächtiges Säulenportal mit Löwendarstellungen ausgeführt. Ein weiteres eindrucksvolles Stadttor, der Holzturm aus der 1. Hälfte des 15. Jahrhunderts steht gleichfalls an der Rheinuferstraße einige hundert Meter südlich.

Das Gebiet nördlich des Marktes mit seinen einst engen Gassen „Am Brand" und „Korbgasse" bildete bis zu seiner Zerstörung 1945 die älteste Bürgerhausbebauung von Mainz, be-

oben: Mainz, Eisenturm, um 1240 und 1. Hälfte 15. Jahrhundert

rechts: Mainz, Häuser (15.–18. Jahrhundert) am Kirschgarten

stehend aus romanischen und gotischen Häusern. Erhalten blieb lediglich das einst eng umbaute spätmittelalterliche „**Haus zum Korb**" (Am Brand 6) aus dem 15. Jahrhundert, das Gutenbergs Nachfolger Peter Schöffer 1476 mit dem angrenzenden Hof „Zum Humbrecht", dem Druckhaus Gutenbergs, vereinigt hatte.
Einen Eindruck historischer Altstadtbebauung von Mainz erhält der Besucher noch im Bereich südwestlich des Doms entlang der **Leichhofstraße**, dem **Kirschgarten**, der **Heiliggrabgasse**, der **Schönborn-, Kartäuser- und Augustinerstraße.** Insbesondere die Häuser im Kirschgarten sind von hohem Alter (15. bis 18. Jahrhundert). Hervorzuheben sind die Fachwerkhäuser Nr. 16 (Ende 16. Jh.), 26/28 (Ende 15. Jh.) und 30 (1. Hälfte 16. Jh.).
Nach Kriegwirren im 17. Jahrhundert (Dreißigjähriger Krieg (1618–48) und Pfälzer Erbfolgekrieg (1688–89) setzte im 18. Jahrhundert in Mainz erneut eine rege Bautätigkeit ein. Zu den prachtvollen Neubauten dieser Zeit gehört das **Deutschhaus** (Deutschhausplatz 12) von 1730–40 mit stattlichem Mittelrisalit und Ehrenhof, der von zwei freistehenden Pavillons und einem figurengeschmückten Ehren-

Mainz, Deutschhaus, Deutschhausplatz 12, 1730–40

Leichhofstraße

Mainz, Osteiner Hof, Schillerplatz 1, 1747–52

hofgitter eingefasst wird. Die Anlage ließ der Hochmeister des Deutschen Ordens, zugleich Kurfürst und Erzbischof Franz Ludwig Pfalzgraf Fürst von Neuenburg (1729–32) als neue Deutschordenskommende durch den Architekten Anselm Franz Freiherr von Ritter zu Grünstein (1692–1765) erbauen. Hier konstituierte sich 1793 der rheinisch-deutsche Nationalkonvent, das erste demokratische deutsche Parlament. Von 1804–13 diente das Gebäude Napoleon als Unterkunft, von 1819–1918 war es großherzogliche Residenz. Nach Kriegszerstörungen wurde es 1950–53 als Sitz des rheinland-pfälzischen Landtags wieder aufgebaut.

Daneben schließt sich entlang der Rheinuferstraße das gleichfalls prächtige **Neue Zeughaus** von 1738–40 nach Süden an. Den Entwurf lieferte Maximilian Welsch für Kurfürst Philipp Carl zu Eltz, dessen Wappen von Löwen im Giebel gehalten wird.Heute ist das Gebäude Staatskanzlei und Amtssitz des Ministerpräsidenten.

Im Rechten Winkel zum Neuen Zeughaus steht das Alte Zeughaus (Deutschhausplatz 8) von 1604–05.

Das **Kurfürstliche Schloss**, in dem heute das sehenswerte Römisch-Germanische Zentralmuseum mit einer Sammlung von Originalen und Kopien von den frühesten Kulturen bis zu Karl dem Großen untergebracht ist, wurde zwar bereits 1628 begonnen. Doch erst unter Kurfürst Johann Friedrich Karl Graf von Ostein (1743–63) und seinem Architekten Anselm Franz Ritter von Grünstein konnte 1752 der 85 m lange Nordflügel und somit die gesamte winkelförmige Anlage fertiggestellt werden. Es entstand ein prächtiger, dreigeschossiger Repräsentationsbau mit reicher Bauzier, des-

Mainz, Neues Zeughaus, 1738–40

Mainz, Kurfürstliches Schloss, heute Römisch-Germanisches Zentralmuseum, 1628–1752

sen ursprünglicher roter Farbanstrich wiederhergestellt ist.

Auch der Adel errichtete stattliche Palais. Eindrucksvoll ist der den Schillerplatz prägende, oval geschwungene **Osteiner Hof** von 1747–52 nach Entwürfen des Johann Valentin Thomann. Vom Balkon des Festsaals wird jährlich am 11.11. um 11.11 Uhr das Motto der Fastnachtskampagne verkündet.

Die westliche Begrenzung des Schillerplatzes nimmt der **Bassenheimer Hof** ein, ein Adelspalais, das 1750– 55 von Anselm Franz von Ritter zu Grünstein für die Gräfin von Bassenheim, Schwester des Kurfürsten Friedrich Karl von Ostein erbaut wurde.

Hervorzuheben ist auch der Jüngere **Dalberger Hof** (Klarastraße 4) von 1715–18 mit groß dimensionierter geschwungener Prukfassade als Familiensitz für die Freiherren von Dalberg. Ebenfalls eindruckvoll in seinen Proportionen ist der Erthaler Hof (Schillerstraße 44) von 1734–41, den der Kavalierarchitekt und Hofrat Philipp Christoph Freiherr von und zu Erthal mit repräsentativer Hofseite erbaute.

Zu den noch heute prägenden Bauwerken gehören selbstverständlich auch die Barockkirchen, wenngleich

Mainz, Jüngerer Dalberger Hof, Klarastraße 4, 1715–18

oben links:
Mainz, Augustinerkirche, 1768–72, und -klostergebäude, 1737–53

oben rechts:
Mainz, St. Peter, 1749–56

der möglicherweise bedeutendste Barockbau mit der 1793 zerstörten Jesuitenkirche von 1742–46 nach Entwurf des berühmten Balthasar Neumann verloren ging.

Eindrucksvoll ergänzt die Doppelturmfassade von **St. Peter** die Bebauung rund um den Deutschhausplatz.

Mainz, St. Ignaz, 1763–75

Die herausragende Rokokokirche St. Peter wurde 1749–56 nach Plänen von Johann Valentin Thomann (1695–1777) errichtet. Nachdem sie 1945 ausbrannte ist sie heute wieder als barockes Gesamtkunstwerk mit lichter Architektur, Stuck und Malerei erlebbar.

St. Ignaz von 1763–75 nach Plänen und unter der Leitung des kurmainzischen Hofstukkateurs Johann Peter Jäger besitzt gleichfalls eine figurenreiche Fassade. Die große Saalkirche wirkt im Innern strenger als St. Peter und ist bereits klassizistischer in den Formen.

Gleichfalls eine Rokokokirche ist die **Augustinerkirche** nach Entwurf des Steinmetzen Georg Schrantz von 1768–72. Die Fassade zeigt über dem Portal die Krönung Mariens (Kopie von 1859), flankiert von den hll. Augustinus und Monika; darüber thront die Hl. Dreifaltigkeit. Der Maler Johann Baptist Enderle aus Donauwörth stellte 1772 im einzigen original erhaltenen Deckengemälde einer Mainzer Barock- und Rokokokirche, Taufe und Verherrlichung des hl. Augustinus dar.

Wiesbaden, Kurhaus, 1905–07 von Friedrich Thiersch

WIESBADEN

Wiesbaden, die Hauptstadt des Bundeslandes Hessen, liegt mit dem Ortsteil Biebrich unmittelbar am Rhein. Die heißen Quellen wurden in Wiesbaden schon in römischer Zeit genutzt. Zu größerer Bedeutung gelangte die Stadt jedoch erst seit 1744, als die Grafen von Nassau-Usingen ihre Residenz nach Biebrich verlegten. Schließlich wurde Wiesbaden 1806 Hauptstadt des Herzogtums Nassau. Zugleich stieg die Stadt zu einer der bedeutendsten Badestädte auf. Daraus erklärt ist unter anderem die große Zahl prächtiger Gebäude des 19. und frühen 20. Jahrhunderts.

Der mittelalterliche Stadtkern, der im Bereich um das Schloss liegt, ist aufgrund der großen Bautätigkeit im 19. Jahrhundert und den Zerstörungen im 2. Weltkrieg heute kaum noch ablesbar, da sich aus früheren Jahrhunderten nur das **Alte Rathaus** von 1609–10 (Obergeschoss von 1828) erhalten hat und die spätgotische Mauritiuskirche am Markt 1850 abbrannte. Daher prägt der Nachfolgebau, die neugotische, fünftürmige **ev. Marktkirche** von 1853 bis 1857/62 nach Plänen von Carl Boos die Stadtmitte. Gegenüber dem Alten Rathaus und der Marktkirche steht das klassizistische **Schloss** (1835–41) von Georg Moller, in dem heute der Hessische Landtag zusammen kommt.

Gegenüber steht das repräsentative **Neue Rathaus** von 1886–87, das Georg Hauberisser (Architekt des Münchner Rathauses) im Stil der Neorenaissance entwarf.

Ein frühes Beispiels der Neugotik ist die kath. Pfarrkirche **St. Bonifatius** am Luisenplatz, die 1843–49 nach Planungen von Philipp Hoffmann realisiert wurde. Die filigranen, durchbrochenen oberen Turmgeschosse konnten 1864–66 vollendet werden.

Das Zentrum des Kurviertels bilden der **Kurpark** (1852 neu angelegt), das schlossartige **Hessische Staatstheater** (1892–94 von den Theater-Architekten Ferdinand Fellner und Hermann Helmer aus Wien) sowie das klassizistische **Kurhaus** (1905–07) von Friedrich Thiersch, das im Innern Jugendstildekorationen aufweist.

Unter den zahlreichen sehr ansprechen historistischen Villenbauten des

Wiesbaden, ev. Marktkirche, 1853–62 von Carl Boos

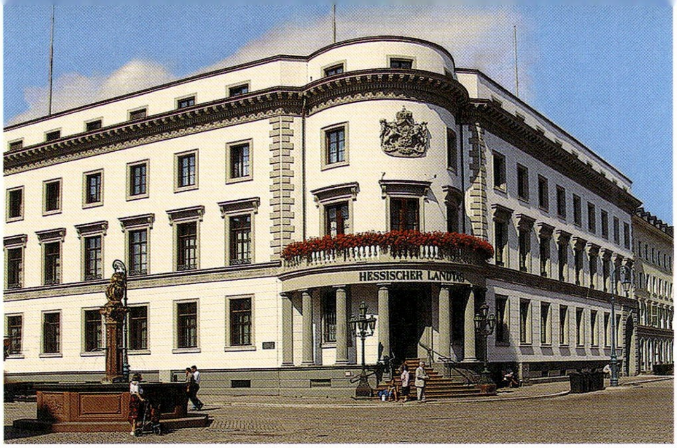

Wiesbaden, Schloss (Hessischer Landtag), bis 1841, und Hessisches Staatstheater, 1892–94 (oben links), Russische Orthodoxe Kirche, 1847 (oben rechts)
unten: Wiesbaden-Biebrich, Schloss Biebrich, 1. Drittel 18. Jh., und Moosburg im Schlosspark, 1806

19. und frühen 20. Jahrhunderts sei lediglich auf die **Villa Clementine** (Ecke Frankfurter Straße/ Wilhelmstraße) von 1878–82 (Architekt Georg Friedrich Fürstchen) verwiesen.
Unter den Museen ist das **Landesmuseum** (Friedrich-Ebert-Allee 2) hervorzuheben, das Kunstwerke aus allen Epochen zeigt.
Am Stadtrand auf dem Neroberg steht die **Russisch-orthodoxe Kirche**, die Philipp Hoffmann 1847 in Anlehnung an russische Kirchenbauten mit schlanken vergoldeten Kuppeltürme entwarf.

Schloss Biebrich – bis zur Gründung des Herzogtums Nassau 1806 das Residenzschloss der Grafen von Nassau-Usingen – steht unmittelbar am Rheinufer. Obwohl die Anlage in mehreren Bauphasen errichtet wurde, bietet sie ein harmonisch und einheitlich wirkendes Bild. Zuerst entstand 1700–02 der heutige Westpavillon, der 1706–08 den Ostpavillon als Pendant erhielt. Ab 1710 wurden die beiden Bauten nach Plänen von Maximilian von Welsch durch zwei Galerien, in deren Mitte ein Rundbau mit skulpturenbekrönter Attika die Aufmerksamkeit auf sich zieht, miteinander verbunden. Die Galerien konnten 1713, der Saal 1718 vollendet werden. Erstere ergänzte man 1719–20 um ein Geschoss. Das Untergeschoss des prunkvoll ausgestatteten Rundbaus diente

ab 1718 als evang. Schlosskapelle. Die auf acht Marmorsäulen ruhende Kuppel des Festsaals schmückte Luca Antonio Colomba 1719 mit Fresken aus. Noch in der 1. Hälfte des 18. Jahrhunderts wurde das Schloss zu einer hufeisenförmigen Anlage ausgebaut: 1734–37 entstand der östliche Querflügel, 1740–44 der westliche.

Der **Schlosspark**, von Maximilian von Welsch barock angelegt, wurde 1817–23 nach englischen Vorbildern durch Friedrich Ludwig von Sckell umgestaltet und mit künstlichen Ruinen ausgestattet. Hervorzuheben ist dabei die **Mosburg**, die auf den Trümmern einer mittelalterlichen Burg von Carl Florian Goetz bereits 1806 – nach englischem Vorbild – als künstliche Ruine erbaut wurde. Sie steht in einer kunsthistorischen Entwicklung, auf die die rheinische Burgenromantik folgen sollte.

Wiesbaden-Biebrich, Schloss Biebrich, 1. Drittel 18. Jh.

ELTVILLE

Die Kleinstadt Eltville, auf der rechten Rheinseite gelegen, hat ihren historischen Ortskern mit reizvollen und großen Adelshöfen bewahrt. Sie geht auf einen römischen Gutshof zurück. Der sich daraus entwickelnde fränkische Königshof fiel im 10. Jahrhundert an die Mainzer Erzbischöfe.

1330 begann Erzbischof Balduin von Trier in der Süd-Ost-Ecke der Stadt eine **Burg** zu bauen, die sein Konkurrent, der Mainzer Erzbischof Heinrich von Virneburg, 1337–45 zur erzbischöflichen Residenz umbauen ließ. Markant steht der aus dieser Umbauphase stammende fünfgeschossige Wohnturm mit seinen vier Ecktürmchen unmittelbar am Rheinufer. Der Turm ist mit einer quadratischen Wasserburg verbunden, die von einem schützenden Graben und Zwinger umgeben ist. Bis zur Rückkehr nach Mainz Ende des 15. Jahrhunderts diente die Burg in Eltville den Mainzer Bischöfen als bevorzugte Residenz. 1635 wurde sie im Dreißigjährigen Krieg von den Schweden zerstört. Nur der Wohnturm blieb verschont. Den Ostflügel erbaute 1682–83 Giovanni Angelo Barella.

Eltville, Wohnturm (1338–45) der Kurfürstlichen Burg

Das größte Bauwerk der Stadt ist die **kath. Pfarrkirche St. Peter und Paul**, die ungewöhnlicherweise als zweischiffige asymmetrische Hallenkirche um 1350–1420/30 erbaut wurde. Der Taufstein (1517), eine Arbeit der Werkstatt Hans Backoffens, und eine etwa zeitgleiche Madonnenstatue sind die herausragenden Ausstattungsstücke. Aus der Backoffen-Werkstatt stammen die Ölberggruppe an der Nordseite der Kirche und die Kreuzigungsgruppe (um 1505) in der barocken Kapelle auf dem Kirchhof.

Unter den Adelshöfen sind der in der Ortsmitte gelegene **Stockheimer Hof** aus der Zeit um 1550 mit Treppenturm und malerischem Fachwerkerker und der gräflich **Eltzsche Hof** in der Rheinuferstraße hervorzuheben. Der Eltze Hof besteht aus dem im 2. Viertel des 14. Jahrhunderts erbauten Stadttor (im 15. Jahrhundert aufgestockt) und dem Westflügel von 1577. Gleichfalls am Rheinufer liegt am südlichen Rand der Altstadt die **Burg Crass**, der ehem. Hof der Herren von Dehm, bestehend aus dem spätromanischen Burghaus (um 1096), dem gotischen Anbau (14. Jahrhundert), der neugotisch 1840 verändert wurde, und dem Treppenturm (Ende 15. und 16. Jahrhundert und 1840).

Darüber hinaus besitzt die verwinkelte Altstadt eine große Zahl von Fachwerkhäusern des späten 15. bis 19. Jahrhundert. Spätmittelalterlich sind die Höfe **Kirchgasse 6** und **Rosengasse 6**.

Eltville, Burg Craß, ab 1096 (oben links), Stockheimer Hof, um 1550 (oben rechts), Pfarrkirche St. Peter und Paul, 14.–15. Jahrhundert (unten links) und Eltzscher Hof, 14.–16. Jahrhundert (unten rechts)

Kiedrich, St. Dionysius und Valentinus, um 1380–1493, (oben links) und Totenkapelle St. Michael, um 1434–45 von Peter Eseler oder dessen Sohn Nikolaus (oben rechts)

KIEDRICH

Wenige Kilometer vom Rhein liegt der malerische Weinort Kiedrich, der durch sein Rathaus von 1585–86, seine historische Ortskernbebauung und besondere durch die Pfarrkirche St. Dionysius und Valentinus sowie der benachbarten Michaelskapelle bekannt ist. Seine Berühmtheit erlangt die gotische Pfarrkirche (um 1380–1493) aufgrund ihrer einheitlichen spätgotischen Ausstattung. Dazu gehören der Lettner (Ende 15. Jahrhundert), das Sakramentshaus (um 1490), das Chorgestühl (um 1500), die Steinkanzel (1493), die Orgel (um 1500 und später), das Kirchengestühl (1510), zwei schmiedeeiserne Standleuchter (15. Jahrhundert), das Triumpfkreuz (um 1520), Grabdenkmäler (16.–18. Jahrhundert), zwei Muttergottesfiguren (beide um 1330) und zahlreiche andere Heiligenfiguren und Malereien.

Die neben der Kirche stehende Totenkapelle St. Michael mit Karner (Beinhaus), 1434 bis 1444 erbaut, gilt als eines der künstlerisch anspruchsvollsten Beispiele dieser Baugattung. Harmonische Proportionen und filigrane Maßwerkdekorationen sowie dasfünfseitige erkerartige Chörlein machen die Besonderheit des spätgotischen Meisterwerks aus.

KLOSTER EBERBACH

Nordwestlich von Kiedrich liegt das **Kloster Eberbach**, eine der am besten erhaltenen und größten mittelalterlichen Klosteranlagen Deutschlands. 1135 ließen sich die Zisterzienser in dem Tal nieder, nachdem die Gründungen eines Augustiner-Chorherrenstifts bzw. eines Benediktinerklosters gescheitert waren. Neben Himmerod in der Eifel ist es das einzige Tochterkloster von Clairvaux in Deutschland. Im 13. Jahrhundert lebten hier 200 bis 300 Mönche. Das Kloster wurde im Zuge der Säkularisation 1803 aufgehoben.

Vorzüglich erhalten sind die Klostergebäude aus der Blütezeit: die Klosterkirche (2. Hälfte 12. Jahrhundert), der Kreuzgang (z. T. um 1186, zumeist 13.–14. Jahrhundert) und das Klausurgebäude, bestehend aus dem Ostflügel mit dem Kapitelsaal (1186 vollendet, um 1240 und um 1354 umgebaut) und dem 73 Meter langen Schlafsaal (Dormitorium, ab um 1270 und um 1345 erweitert), dem Nordflügel mit dem Speisesaal der Mönche (Refektorium, vor 1186, um 1500 in Fachwerk aufgestockt, 1720–24 barock erneuert) und dem Westflügel (um 1500). Hinzu kommen der Konversenbau (Haus der Laienbrüder, um 1200) und Hospitalbauten (Anfang 17. Jahrhundert).

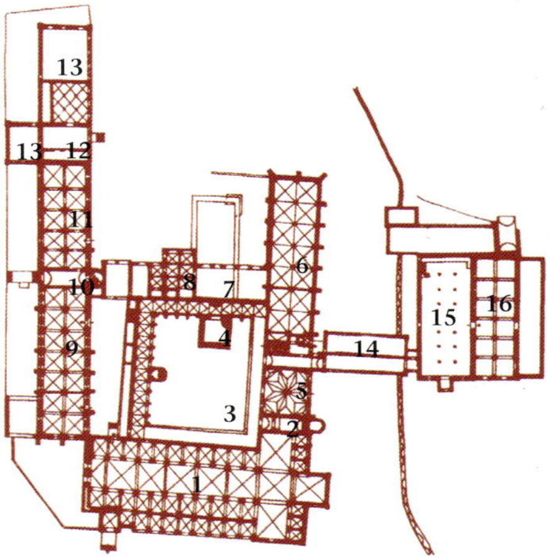

Kloster Eberbach, Kloster.
1 *Klosterkirche*
2 *Sakristei*
3 *Kreuzgang*
4 *Brunnenhaus*
5 *Kapitelsaal*
6 *Fraternei*
7 *Refektorium*
8 *Küche*
9 *Laienrefektorium*
10 *Ehem. Klostereingang*
11 *Keller*
12 *Badehaus*
13 *Wirtschaftsräume*
14 *Neues Krankenhaus, heutiger Eingang*
15 *Hospital*
16 *Neuer Keller*

Kloster Eberbach, Klosterkirche, 2. Hälfte 12. Jh., Seitenschiffe 1313–35

INGELHEIM

In römischer Zeit ein großer Gutshof, gelangte Ingelheim im frühen Mittelalter als Sitz einer karolingischen Pfalz zu großer Bedeutung. Belegt sind die Aufenthalte Karls des Großen 774, im Winter 787/88, als er eine Reichsversammlung abhielt, und 807. Es entstand ein großer Gebäudekomplex, der allerdings wohl erst unter Karls Sohn Ludwig den Frommen abgeschlossen werden konnte, der Ingelheim als bevorzugten Sommeraufenthalt wählte. Auch die Ottonen und Salier nutzten Ingelheim als Ort wichtiger Reichversammlungen. Unter Kaiser Friedrich Barbarossa wurde die Pfalz bis 1160 befestigt.

Die 145 x 110 Meter große **Pfalzbezirk** wurde in drei Kilometern Entfernung zum Rhein auf einer Hangterasse erbaut. Die an der römischen Palastarchitektur orientierte Gesamtanlage schließt im Osten mit einem nur noch in geringen Mauerresten ablesbaren Halbkreisbau von 89 Metern Durchmesser ab, der ursprünglich mit einem Säulengang repräsentativ ausgestattet war. Im Westen liegt die **Königshalle** (Aula regia), ein Saalraum mit Apsis von 40,5 x 16,5 Metern Größe, von dem noch wesentliche Teile des aufgehenden Mauerwerks erhalten sind. Der Wandputz war ursprünglich bemalt, die Bodenplatten bestanden aus Marmor und Porphyr.

Die **ehem. Pfalzkapelle St. Peter** liegt zwar im Zentrum der ehem. Pfalz. Sie ist aber nicht mit der 742 von Karlmann dem Bistum Würzburg geschenkten Kirche identisch, in der 948 die große Synode stattfand. Vielmehr dürfte es sich bei letzterem Bau um den Vorgänger der heutigen Pfarrkirche St. Remigius und Kilian handeln (Turm um 1230, sonst Mitte 18. Jahrhundert). Die ehem. Pfalzkapelle ist dagegen ein ottonischer Neubau, der kurz vor seiner erstmaligen Nennung 997 errichtet wurde. Der flach gedeckte Saalbau mit Querhaus besitzt eine unmittelbar daran anschließende, stark eingezogener Apsis, deren Schmuckformen (Lisenen, Rundbogen, Kopfkonsolen, Röllchenfries) jedoch erst um 1160 entstanden sein dürften. Nach der Zerstörung der Kirche 1689 wurde der Quersaal 1709 wiederhergestellt, das Langhaus erst 1962. Die Apsis und die Unterbauten der Ecktürmchen stammen in geringer Höhe noch aus dem 10. Jahrhundert, ebenso die Querhauswände.

Ingelheim, ehem. Pfalzkapelle St. Peter, ab kurz vor 997

Im Ortsteil **OBER-INGELHEIM** ist die ev. Pfarrkirche, die **sog. Burgkirche**, von Bedeutung. Sie steht auf einem mittelalterlichen Wehrfriedhof, dessen Befestigung aus dem 15. Jahrhundert stammt. An den fünfgeschossigen romanischen Turm schließt sich der spätgotische Kirchenbau an. Das Netzgewölbe des Langhauses führte Peter Arnolt aus Bingen 1449 aus.

links: Ingelheim, Aula regia, 9. Jahrhundert, Hauptgebäude der karolingischen Königspfalz

unten: Ober-Ingelheim, sog. Burgkirche, 12. und 15. Jahrhundert, mit Wehrfriedhof, 15. Jahrhundert

Winkel, Graues Haus, um 1078

MITTELHEIM / WINKEL

Das im 1. Drittel des 12. Jahrhunderts gegründete Augustinerinnenkloster St. Ägidius in Mittelheim bildete mit dem seit 1141/42 bestehenden Augustinerkloster Gottesthal bei Oestrich ein Doppelkloster. Es wurde aber bereits 1263 wieder aufgehoben. Aus dieser kurzen Abteigeschichte stammt die heutige Klosterkirche. Die klar gegliederte romanische flachgedeckte, kreuzförmige, dreischiffige Pfeilerbasilika mit quadratischem Vierungsturm wurde im 2. Viertel des 12. Jahrhunderts erbaut. Um 1170 verlängerte man das Querhaus, um größere Emporen aufnehmen zu können. Zur reduzierten Ausstattung gehören der bauzeitliche romanische Blockaltar, die Kanzel von 1511, Erhard Falckner zugeschrieben, und die Pietà im Weichen Stil des beginnenden 15. Jahrhunderts.

Nur wenige hundert Meter rheinaufwärts steht in **WINKEL** das **Graue Haus**, ein romanischer Profanbau, bei dessen Errichtung um 1078 Baumaterial aus der Kaiserpfalz in Ingelheim verwendet wurde.

SCHLOSS VOLLRADS, drei Kilometer nördlich von Winkel gelegen, ging Anfang des 14. Jahrhunderts an die Herren von Vollrads über, die unmittelbar danach den quadratischen wasserumflossenen Wohnturm aus fünf Geschossen errichteten, der 1471 einen achteckigen Treppenturm und 1621 einen kleinen Renaissanceerker erhielt. Die Anlage wird heute durch Barockgebäude ergänzt, so durch einen dreigeschossigen, zweiflügeligen Schlossbau (um 1680) und durch Wirtschaftsgebäude (17. und 18. Jahrhundert).

links und links unten: Mittelheim, St. Ägidius, 12. Jh.
unten rechts: Schloss Vollrads, Wohnturm, 14. Jahrhundert, mit Treppenturm, 1471

SCHLOSS JOHANNISBERG

Erzbischof Ruthard von Mainz (1088–1109) schenkte zur Gründung eines Benediktinerklosters dem Kloster St. Alban in Mainz den Johannesberg. Diese Johannes d. T. geweihte Neugründung war ab 1130 selbstständig und seit Ende des 12. Jahrhunderts unter dem Namen „Johannisberg" bekannt. Fortan widmeten sich die Mönche dem Beten und Arbeiten und insbesondere dem Weinanbau, bis das Kloster Johannisberg 1563 aufgegeben wurde.

1716 erwarb die Fürstabtei Fulda käuflich die Klosteranlage mit seinen Weinbergen. Da der Fuldaer Fürstabt Konstantin von Buttlar (1714–26) das Anwesen als Sommerschloss nutzen wollte, verfügte er den Abbruch der ehemaligen Klostergebäude und die Errichtung einer zweigeschossigen Dreiflügelanlage, die 1718–25 nach Plänen seines Hofarchitekten Andreas Gallasini erbaut wurde. Zugleich gestaltete Johann Dientzenhofer, der Erbauer der damaligen Abtei- und heutigen Domkirche von Fulda, die ehemalige Klosterkirche barock um. Durch einen Zufall – der Reiter aus Fulda, der die Freigabe zur Weinernte geben musste, hatte sich auf seiner Reise verspätet – wurde hier die „Spätlese" als gehobene Qualitätsstufe aus überreif geernteten Weintrauben begründet.

Nach der Säkularisation 1806 wechselten ständig die Besitzer des Schlosses, zu denen das Haus Nassau-Oranien, Napoleon und der Kölner Wein-

oben und unten: Schloss Johannisberg, 1718–25 und 1826–35, mit Klosterkirche, 12. und 20. Jahrhundert

oben: Schloss Johannisberg, 1718–25 und 1826–35
links: Denkmal für den „Spätlese"-Reiter
unten links: Ehem. Benediktinerinnenkloster unterhalb von Schloss Johannisberg
unten rechts: Klosterkirche, 12. und 20. Jahrhundert

händler Peter Arnold Mumm gehörten. Seit 1816 ist Johannisberg im Besitz der Familie des Fürsten von Metternich, die die Anlage 1826–35 klassizistisch veränderte.

Die ehemalige Klosterkirche und heutige katholische Pfarrkirche St. Johannes d. T. wurde Anfang des 12. Jahrhunderts erbaut, 1717 durch Johann Dientzenhofer barockisiert und im 19. Jahrhundert erneut umgebaut. Nach schweren Kriegsschäden 1942 reduzierte man den Bau 1945–52 auf seine romanische Grundform unter Hinzufügung eines Vierungsturms, einer Taufkapelle sowie einer Vorhalle an der Nordseite und unter Verzicht von Schmuckformen und Ausstattungsstücken.

GEISENHEIM

Die Kleinstadt Geisenheim, 772 erstmals erwähnt, besitzt eine ansprechende Altstadtbebauung mit Fachwerkhäusern und Steinbauten seit dem späten Mittelalter. Weithin sichtbar ist die Doppelturmfassade der kath. Pfarrkirche Hl. Kreuz, eine dreischiffige Hallenkirche des ausgehenden 15. Jahrhunderts, die 1512–18 ihren netzgewölbten Chor durch den Mainzer Dombaumeister Nikolaus Queck erhielt. Ihr heutiges Aussehen verdankt der Bau den Baumaßnahmen von 1836 bis 1839/41 nach Plänen Philipp Hoffmanns, der das Langhaus um zwei Joche verlängerte, die neugotische Westfassade ausführen und die Emporeneinbauten einschließlich Gewölbe einbauen ließ.

Nahe des Bahnhofs steht am Ortsrand der **Stockheimer Hof** (Winkler Str. 64) von 1550, der durch seine vier Ecktürmchen malerisch und spätmittelalterlich wirkt.

Nördlich von Geisenheim befindet sich der Wallfahrtsort **MARIENTHAL**. Die Kirche, 1330 geweiht, birgt ein ungewöhnlich kleines Gnadenbild des 14. Jahrhundets.

Geisenheim, Pfarrkirche, 15./19. Jahrhundert (oben), Stockheimer Hof, 1550 (unten), und Marienthal, Gnadenbild (unten links)

Rüdesheim, Gesamtansicht

Rüdesheim, Drosselgasse

RÜDESHEIM

Der seit römischer Zeit durchgehend besiedelte Ort wurde 1090 erstmals erwähnt und 1820 zur Stadt erhoben. Bedeutung erlangte Rüdesheim durch seine Lage vor dem „Binger Loch" und durch den Weinbau, während es seine internationale Bekanntheit und Beliebtheit vor allem der Touristenattraktion Drosselgasse zu verdanken hat.

Die **Drosselgasse** ist zwar nur 144 Meter lang und etwa drei Meter breit. Dennoch zieht sie Millionen von Besuchern jedes Jahr an. Hier liegen sechs Weinhäuser, die die stattliche Zahl von 2300 Sitzplätzen aufweisen. Selbstverständlich werden bevorzugt einheimische Weine in allen Kategorien angeboten. Auch in den sich anschließenden Straßen (besonders an der Rhein- und der Oberstraße) finden sich Einkehrlokale.

Obwohl die Stadt 1944 bei Fliegerangriffen schwer beschädigt wurde, haben sich einige mittelalterliche und frühneuzeitliche Adelshöfe und drei Burgen – die Brömserburg (Niederburg) im Westen des Ortes, die **Oberburg** (Boosenburg) und beim Markt die **Vorderburg** (Bergfried) erhalten. Die **Brömserburg** (seit 1949 Sitz des **Rheingauer Weinmuseums**) mit quadratischem Bergfried wurde in mehreren Bauphasen während des 12. Jahrhunderts errichtet. Bauherren waren die Mainzer Ministerialen

Rüdesheim, Klunkardshof (Klukardshof 1), um 1500 (oben), Brömserhof (Obergasse 6–10), 15./16. Jahrhundert (links)

Brömser von Rüdesheim, die auch als Stifter der Stadtkirche und des außerhalb von Rüdesheim gelegenen Wallfahrtsorts Nothgottes in Erscheinung treten. Auf sie geht auch der **Brömserhof** (Oberstraße 6–10) zurück, dessen malerischer Fachwerkturm mit seitlichen Ecktürmchen noch aus spätmittelalterlicher Zeit stammt. Im Brömserhof ist **Siegfrieds Mechanisches Musikkabinett**, eine umfangreiche Sammlung von selbstspielenden Musikinstrumenten, ausgestellt. Bemerkenswert ist auch der **Klunkhardshof** (um 1500 oder kurz danach) in der gleichnamigen Straße

unten links: Rüdesheim, St. Jakobus, Turm 12. Jahrhundert und 1766

Rüdesheim, Boosenburg, Turm um 1200 (links); Brömserburg (Rheingauer Weinmuseum), 12. Jh. (oben)

oben links: Rüdesheim-Eibingen, Abtei St. Hildegard, Klosterkirche 1900–08

oben rechts: Jagdschloss auf dem Niederwald von 1764. Rüdesheim-Eibingen, Pfarrkirche St. Hildegard, Schrein der hl. Hildegard von Bingen von 1929

S. 37: Niederwalddenkmal, 1877–83, oberhalb von Rüdesheim gelegen

mit seiner leicht gekrümmten Fachwerkfassade und den drei vorkragenden großen Zwerchhäusern. Von der Stadtmauer ist der **Adlerturm** (2. Hälfte 15. Jahrhundert) am Rheinufer erhalten.
Außerhalb des Ortes und oberhalb der Stadt gelegen, steht in dem ursprünglich zur Burg Ehrenfels gehörenden Waldgebiet weithin sichtbar das **NIEDERWALDDENKMAL**, das 1877–83 von dem Dresdener Architekten Karl Weißbach und dem Bildhauer Johann Schilling geschaffen wurde. Es entstand aus Anlass des Sieges über Frankreich 1871. Eine **Kabinenseilbahn** führt von der Stadtmitte von Rüdesheim direkt zum Denkmal.
Im Vorort **EIBINGEN** steht als Überbleibsel eines Benediktinerinnenklosters, das 1148 gegründet und 1165 durch die hl. Hildegard von Bingen neu besiedelt worden war, die **kath. Pfarrkirche St. Hildegard**, die nach einem Brand durch die Architekten Gebr. Rummel 1934/35 neu erbaut wurde. In ihr wird der Schrein mit den Reliquien der hl. Hildegard von Bingen aufbewahrt, der 1929 in romanisierenden Formen nach Entwurf des Benediktiners Radbod Commandeur aus Maria Laach und durch den Goldschmied Josef Kleefisch in Köln geschaffen wurde.
Oberhalb von Eibingen liegt das 1900–08 durch den Architekten und Benediktiner Ludger Rincklage (1850–1927) erbaute **Benediktinerinnenkloster St. Hildegard** mit seiner neoromanischen Klosterkirche, die bedeutende Wandmalereien der „Beuroner Schule" des Maler-Paters Paulus Krebs besitzt. 1904 konnten die ersten Benediktinerinnen das Kloster beziehen. Seitdem wirken sie mit großem Elan im Geiste der hl. Hildegard von Bingen. Im Klosterladen findet man neben Büchern auch Kunsthandwerk und biologisch hochwertige Lebensmittel, die in der Abtei oder in deren Umfeld hergestellt werden.

LIEB VATERLAND, MAGST RUHIG SEIN, FEST STEHT UND TREU DIE WACHT, DIE WACHT AM RHEIN!
SEINE MAJESTAET DER KAISER UND KOENIG
WILHELM

BINGEN

Bingen liegt an der Mündung der Nahe in den Rhein. Deshalb bestand hier bereits in römischer Zeit ein Kastell, in fränkischer Zeit ein Königsgut. 983 wurde Bingen durch Kaiser Otto II. dem Erzstift Mainz überlassen, das seinen Besitz durch den Bau der **Burg Klopp** (1875–79 wiederaufgebaut) sicherte. Bingen wurde häufig von Kriegen, Stadtbränden und zuletzt von „Stadtsanierungsmaßnahmen“ heimgesucht. Daher bietet sich ein inhomogenes Stadtbild, das von der kath. Pfarrkirche St. Martin und der neugotischen Rochuskapelle über dem Ort geprägt wird.

Bingen, Burg Klopp, 1875–79

unten: Bingen, St. Martin, 11., 15. und 19. Jahrhundert

Herausragendes Bauwerk ist die **Martinskirche**. Sie wurde über einem 406 zerstörten römischen Merkurtempel errichtet, der Gründungsbau wenig später erbaut. Darauf verweisen der frühchristliche Grabstein des Priesters Aetherius aus dem 5. Jahrhundert und die frühe erstmalige Nennung der Pfarrkirche im Jahr 793.

Der älteste erhaltene Bauteil ist die Krypta, die von der frühromanischen Basilika aus dem 2. Viertel des 11. Jahrhunderts stammt. Die Krypta besteht aus einer quadratischen Halle für die Gläubigen und einem im Westen gelegenen schmalen Raum, in dem das Grab eines Heiligen oder kostbare Reliquien aufbewahrt wurden.

Die frühromanische Kirche wurde nach einem Stadtbrand von 1403 durch den heutigen gotischen Kirchenbau – zunächst einschiffigen Bau – ersetzt, dessen Chor 1416 geweiht werden konnte und die ältere Krypta mit einbezog. Das Langhaus wurde wenig später um zwei Seitenschiffe zu einer dreischiffigen Kirche erweitert. Das nördliche Seitenschiff ersetzte man 1502–05 durch den heutigen zweischiffigen Barbarabau, der als Pfarrkirche genutzt wurde. Geprägt wird die Kirche heute gleichfalls durch die Sanierungs- und Erweiterungsmaßnahmen unter Max Meckel. Er ließ 1885–97 am Südseitenschiff die Kapelle und die Sakristei sowie die Maßwerkgalerien der Westfassade im Stil der Spätgotik anbringen.

Zu den eindrucksvollsten neugotischen Kirchenbauten gehört die weithin sichtbare **Rochuskapelle**. Sie geht auf das Pestjahr 1666 zurück, als die Mitglieder des Binger Rats gelobten, eine Rochuskapelle zur „Abwendung crassirendter Seuchtt“ zu errichten und eine jährliche Bittprozession abzuhalten. Die bereits ein Jahr später erbaute Kapelle wurde 1689 im pfälzischen Erbfolgekrieg verwüstet und wiederaufgebaut. Als 1795 im Rahmen der deutsch-französischen Auseinandersetzung um den Besitz der Stadt

Bingen, St. Martin, Hauptschiff (links) und Tonfigur mit der Darstellung der hl. Barbara, um 1420

Mainz Turm und Dach zerstört wurden, verblieb die Kapelle als Ruine. 1813 forderte das Fleckfieber in Bingen und Umgebung viele Todesopfer, und die Bürger erinnerten sich an ihr Versprechung von 1666. Deshalb wurde die Kapelle umgehend bis 1814 wiederhergestellt. Als noch während einer Restaurierung der Kapelle ab 1887 diese durch Blitzschlag 1889 zerstört wurde, entschloss man sich zu einem repräsentativen Neubau, mit dem Max Meckel beauftragt wurde, der 1891–95 in schmuckreichen spätgotischen Bauformen und mit betonter Silhouettenwirkung in landschaftlich exponierter Lage über dem Rheintal die Wallfahrtskirche und die davor gelegene Betlehemskapelle errichtete.

oben: Bingen, St. Rochuskapelle, 1891–95

unten: Rheintal bei Bingen mit dem Mäuseturm und Burg Ehrenfels

oben: Blick über Bingerbrück und Bingen zum Mäuseturm (links außen), zur Burg Ehrenfels und dem Niederwalddenkmal (rechts oben)

Burg Ehrenfels (oben), Mäuseturm (rechts) und Schweizerhaus, 1842–44, zwischen Bingerbrück und Burg Rheinstein

Der **Mäuseturm** steht auf einer Rheininsel nördlich von Bingen. Er ist seit der Rheinromantik ein Wahrzeichen der Stadt Bingen, obgleich er als Wachtturm zur gegenüberliegenden Burg Ehrenfels gehörte. Hier wurde der Rheinzoll für den Mainzer Erzbischof erhoben – eine sehr ergiebige Einnahmequelle. Mit dem Bau des Turms wurde Anfang des 14. Jahrhunderts begonnen. Die Ruine wurde 1856–58 in neugotischen Formen nach Ideen König Friedrich Wilhelms IV. wiederhergestellt, um als Signalturm für die Schifffahrt zu dienen. Nach einer Sage habe der Mainzer Erzbischof Hatto hier auf schreckliche Weise den Tod gefunden. Dieser habe durch Getreidehortung die Hungersnot des Volkes noch gesteigert. Daraufhin hätten ihm die Mäuse – Plage und Schrecken eines jeden Getreidebesitzers – böse zugesetzt und ihn selbst nach der Flucht auf diesen Turm aufgefressen. Daher stamme – nach volkstümlicher Meinung – der Name „Mäuseturm“, dessen Herkunft jedoch im Wort Maut (= Zoll) liegt.

Burg Ehrenfels – zwischen Rüdesheim und Assmannshausen gelegen – wurde um 1211 von Philipp von Bolanden im Dienst des Mainzer Erzbischofs als Zollburg errichtet. Der Unterbau ist aus dieser Zeit erhalten, während die heute prägenden Bauteile aus der Ausbauphase der Mitte des 14. Jahrhunderts stammen. 1689 im Pfälzischen Erbfolgekrieg von französischen Truppen zerstört, erfüllt Burg Ehrenfels die Idealvorstellung einer romantisch gelegenen Burgruine am Mittelrhein, umgeben von Weinbergen.

ASSMANNSHAUSEN/ BURG RHEINSTEIN

Assmannshausen ist bekannt durch seinen Rotwein. Von 1864 bis 1939 war der kleine Ort Kurbad. Sein berühmtestes Hotel, die „Krone", prägt mit ihren Fachwerkfassaden (um 1893 und frühes 20. Jahrhundert) in malerischer Baukörpergruppierung die Rheinansicht. Darüber hinaus bestimmt der schlanke, 43 m hohe spätgotische Kirchturm der kath. Pfarrkirche zur Kreuzerhöhung, die im 15. Jahrhundert erbaut und 1888–90 erweitert wurde, die Ortsansicht. Der Hochaltar der Kirche besitzt eine qualitätvolle Darstellung des Marientods aus der Zeit um 1480.

Auf der anderen Rheinseite gegenüber von Assmannshausen erhebt sich die malerisch am Steilhang gelegene **BURG RHEINSTEIN**, die bis zu ihrer neugotischen Umgestaltung Vautsburg oder Voitsburg hieß. Sie wurde durch den Mainzer Erzbischof Peter von Aspelt (1306–20) erbaut. 1822 erwarb Friedrich Ludwig, Prinz von Preußen und Vetter des zukünftigen Friedrich Wilhelm IV., die Burgruine. Kurz danach lieferte der Architekt Johann Claudius von Lassaulx Umbaupläne, die – da zu aufwändig – von Karl Friedrich Schinkel modifiziert wurden. Ab 1825 begann man mit dem neugotischen Ausbau. Es war der erste Wiederaufbau einer Rheinburg im 19. Jahrhundert. Dabei wurde die ursprüngliche gotische Wohnanlage mit ihrer schildmauerartigen Abrundung und Verstärkung an der Bergseite, mit tiefem Halsgraben davor, zum viergeschossigen Wohnbau erhöht und mit einem Zinnenkranz bereichert. Zwei schlanke Türmchen verstärken den malerischen Charakter der versetzt und asymmetrisch gruppierten Anlage. Die Innenräume malte der Düsseldorfer Dekorationsmaler Ludwig Pose aus. Neben der Burganlage errichtete 1844 der Wiesbadener Baurat Philipp Hoffmann eine neugotische Grabkapelle für den Prinzen und seine Familie.

Assmannshausen, Hotel Krone, das sich aus einem Gasthaus des 17. Jahrhunderts entwickelte. Der Hotelbau wurde 1863, um 1893 und im frühen 20. Jahrhundert stetig erweitert

Assmannshausen, Rheinansicht

533

TRECHTINGSHAUSEN

Malerisch liegt die **ehem. Pfarrkirche St. Clemens** südlich der heutigen Ortschaft unmittelbar am Rhein und innerhalb des alten, noch bestehenden Friedhofareals. Sie wurde im 2. Viertel des 13. Jahrhunderts am Standort römischer und vorromanischer Vorgängerbauten errichtet und erhielt durch die Wiederherstellung ihrer ursprünglichen roten Farbigkeit ihr attraktives Erscheinungsbild zurück. Die spätromanische Pfeilerbasilika besitzt eine reiche Baugliederung mit Lisenen, Bogenfriesen und Bogenblenden. Markant ist der asymmetrisch angeordnete achteckige Turm. Im Innern sind das figurenreiche Chorgestühl und die Kuppelgestaltung des Vierungsbereichs hervorzuheben.
Neben der Kirche steht die St. Michaelskapelle, ein Kapellenkarner aus der 1. Hälfte des 15. Jahrhunderts.

Oberhalb des alten Clemenskirche liegt auf einem Sporn zwischen dem felsigen Morgenbachtal und dem Rhein die **BURG REICHENSTEIN**. Sie wurde – wie die benachbarte Burg Sooneck – im Auftrag der Äbte des Klosters Kornelimünster zum Schutz ihrer Besitzungen um Niederheimbach im 11. Jahrhundert errichtet. 1213 übernahmen die Herren von Bolanden als Vögte die Burg. 1253 und 1282 zerstört, im 16. Jahrhundert verfallen und 1689 von den Franzosen gesprengt, begann 1834 unter General Franz Wilhelm von Barfuß der Wiederaufbau. Nachdem Baron Nikolaus Kirsch-Puricelli die Anlage erwarb, erfolgte ab 1899 der neugotische Ausbau durch den Regensburger Architekten Strebel. Gut erhalten sind an der Nordseite der Anlage die bis zu sechszehn Meter hohe und acht Meter starke Schildmauer (um 1300) mit erneuerten Ecktürmchen und die doppelte Ringmauer mit zwei Rundtürmen des 15. Jahrhunderts zur Rheinfront.

S. 44: Burg Rheinstein, 13./14. Jh., ab 1825 neugotisch ausgebaut, seitliche Grabkapelle 1844

oben: Trechtingshausen, ehem. Pfarrkirche St. Clemens, 13. Jahrhundert, und Burg Reichenstein, 13.–15. und 19. Jahrhundert

unten: Trechtingshausen, ehem. Pfarrkirche St. Clemens

Trechtingshausen, Burg Reichenstein, 13.–15. und 19. Jahrhundert

BURG SOONECK

Burg Sooneck geht ebenso wie Burg Reichenstein auf die Äbte des Klosters Kornelimünster bei Aachen zurück. Auch Sooneck diente dem Schutz der Besitzungen des Kloster, die als große Stiftsstiftung Ludwigs des Frommen im 9. Jahrhundert der Abtei Kornelimüster übereignet worden waren. Die Geschichte der Burg im Hohen Mittelalter gleicht derjenigen von Burg Reichenstein. Auch hier waren die Ritter von Bolanden seit 1213 Vögte, seit 1241 Philipp von Hohenfels. Die Burg wurde als Raubritterstützpunkt ebenfalls 1253 vom Rheinischen Städtebund geschleift. König Rudolf von Habsburg ließ die Burg 1282 belagern, der amtierende Vogt, ein Ritter von Waldeck, wurde geköpft. Nachdem das Bauverbot von 1290 im Jahr 1349 aufgegeben wurde, begann der Wiederaufbau. Ein Ausbau erfolgte noch im 17. Jahrhundert, bis auch Sooneck 1688/89 Opfer französischer Truppen wurde. 1834 erwarben die Söhne König Friedrich Wilhelms III. von Preußen die Burganlage. Die Wiederherstellungarbeiten erfolgten ab 1842 und insbesondere 1860–62.

NIEDERHEIMBACH

Auch die Rheinansicht von Niederheimburg wird von einer langgestrekkten Burg dominiert. Die Heimburg, auch Burg Hoheneck genannt, war 1290 bis 1305 durch den Mainzer Erzbischof als Gegengewicht zu den Machtbestrebungen des Pfälzer Kurfürsten Ludwig der Gestrenge errichtet worden. Im 15. Jahrhundert nochmals ausgebaut, verfiel die Anlage seit dem 16. Jahrhundert und wurde 1689 von den Franzosen gesprengt. Ende des 19. Jahrhunderts begann der Wiederaufbau.

Unterhalb der Heimburg steht die kath. Pfarrkirche Maria Himmelfahrt von Niederheimbach, die im Wesentlichen 1915–21 nach Entwürfen von Peter Marx aus Trier im Stil der Spätgotik erbaut wurde. Vom Vorgängerbau stammen die unteren Geschosse des Turms (ehem. Chorturm) aus dem 2. Viertel des 13. Jahrhunderts, die heutige Eingangshalle aus dem 14. Jahrhundert, die Kapelle von 1516 und die barocke Werktagskirche (um 1750).

oben: Burg Sooneck, ab 13. Jahrhundert, 1842–62

links: Niederheimbach, Heimburg, ab 13. Jahrhundert, 1915–23, und Pfarrkirche Maria Himmelfahrt, 13.–16. Jahrhundert, 1915–21

Lorch, Rheinansicht mit Pfarrkirche St. Martin, 14.–15. Jahrhundert (oben), Hochaltar, 1483 (rechts)

Lorch, Hilchenhaus, 1546–48

LORCH
BURG FÜRSTENBERG
LORCHHAUSEN

Lorch, das in der Römerzeit bereits besiedelt war, besaß bereits in fränkisch-karolingischer Zeit einen 1128 genannten Saalhof und eine Kirche. Ihre wirtschaftliche Blüte erlebte die Stadt jedoch vom 14. bis Mitte 16. Jahrhundert. Die Tuchmacherei, Weberei und Färberei waren neben dem traditionellen Weinbau die herausragenden Wirtschaftszweige. Aus dieser Blütezeit der Stadt – danach sank die Einwohnerzahl und die Bedeutung – stammt noch das **Hilchenhaus**, ein stattlicher Renaissancebau mit prächtigem Giebel zum Rhein, das sich der kaiserliche Feldmarschall Johann Hilchen 1546–48 errichten ließ.

Wahrzeichen der Stadt ist die **kath. Pfarrkirche St. Martin**, die aufgrund ihrer wertvollen Ausstattung zu den sehenswertesten Kirchen am Mittelrhein gehört. Sie liegt erhöht auf einer Terrasse und bestimmt mit ihren fialbekrönten Strebepfeilern und dem schlanken Südturm die Stadtsilhouette. Zwar wirkt der Bau wie aus einem Guss. Doch sind vom spätromanischen Vorgängerbau noch Teile z. B. in der Mittelwand des Chores und der Taufkapelle erhalten. Der Baubeginn der heutigen Kirche liegt Ende des 13. Jahrhunderts, als mit dem Bau des heutigen Chores begonnen wurde. Ab 1304 folgte das Hauptschiff. Das Seitenschiff fügte man ab 1398 hinzu, so dass sich der heutige zweischiffige Bauzustand ergab. Das Seitenschiff ist durch spitzbogige Arkaden mit dem Hauptraum verbunden. 1480 erfolgte der Umbau der Westfront mit Vorhalle und Empore, 1576 und 1912 eine Turmerneuerung. Der baufällige zwei-

rechts: Lorchhausen, St. Bonifatiuskirche, 1877–79

unten: Burg Fürstenberg, 13. Jahrhundert

jochige Chor mit 5/8-Schluss musste 1876 unter Leitung von Max Meckel zu großen Teilen erneuert werden. Die Innenräume werden überspannt durch Kreuzrippengewölbe auf Konsolen und Bündeldiensten. Architektur- und Gliederungselemente, Kapitelle und Schlusssteine zeigen anspruchsvolle figürliche und ornamentale bildhauerische Bearbeitung, die Fenster unterschiedliche Maßwerkeinteilung. Herausragendes Ausstattungsstück ist der Hochaltar von 1483, eine Stiftung des Lorcher Adels. Es ist der älteste monochrome, d. h. nicht (farbig) gefasste Schnitzaltar Deutschlands. Das fast 14 m hohe Schnitzwerk des Altaraufsatzes zeigt zehn Felder mit der übergroßen Muttergottes und den Kirchenpatron St. Martin mit dem Bettler im Zentrum.

Zwischen Niederheimburg und Bacharach steht linksrheinisch die **BURG FÜRSTENBERG**. Erzbischof Engelbert von Berg ließ sie 1219 zum Schutz der Kölner Besitzungen um Bacharach errichten. Auch diese Burg wurde durch die Franzosen während des Pfälzischen Erbfolgekriegs gesprengt. Im Gegensatz zu vielen anderen Burgen entlang des Rheins baute man die Anlage im Laufe des 19. Jahrhunderts nicht aus. Erhalten sind der runde Bergfried des 13. Jahrhunderts, Teile der Wehrmauer und der hohen Schildmauer mit ihrem runden Flankenturm.
Das malerisch auf dem schmalen rechten Uferstreifen des Rhein gelegene **LORCHHAUSEN** wird durch die überdimensionierte Bonifatiuskirche von 1877–79 geprägt. Die Kirche, deren Baupläne von Max Meckel überarbeitet wurden, stellt ein weithin sichtbares Zeugnis für die Verehrung des hl. Bonifatius am Mittelrhein dar. Als Apostel der Deutschen wurde er im 19. Jahrhundert insbesondere von der katholischen Kirche als Glaubenszeuge verehrt.

BACHARACH

Die malerisch gelegene Kleinstadt – berühmt durch ihre herausragenden Bauwerke – gelangte im 7. Jahrhundert in den Besitz der Kölner Erzbischöfe, die die Dienstmannenburg Stahleck über dem Ort errichteten. Im 12. Jahrhundert emanzipierten sich die erzbischöflichen Vögte mit ihrer Burg und machten Bacharach zu ihrem Herrschaftszentrum. 1214 fiel die Pfalzgrafschaft an die Wittelsbacher. 1545 führte Pfalzgraf Friedrich II. die Reformation ein.

Bacharach gelangte im Mittelalter als Umschlags-, Handels- und Stapelplatz für Wein und Holz zu Bedeutung, da die Stadt hinter den gefährlichen Stromschnellen des Rheins lag und nur die kleinen Schiffe das Binger Loch passieren konnten. Deshalb fuhren die größeren Schiffe, die in Bacharach umgeladen werden mussten, erst ab hier rheinabwärts.

Die spätromanische **Peterskirche** (um 1230–40) ist zwar – aufgrund der beengten Lage – relativ kurz. Die dreischiffige Emporenbasilika mit Querschiff zeigt jedoch eine ausgesprochen anspruchsvolle Bauplastik, die

Bacharach, Rheinansicht mit Burg Stahleck, Wernerkapelle und St. Peter (unten), Detail und Häuser an der Bahnstrecke (oben)

S. 52 und 53: Bacharach, ev. Kirche St. Peter, 13.–15. Jahrhundert

durch die Farbigkeit noch unterstrichen wird. Einen Akzent bildet der Westturm, dessen viertes Obergeschoss mit gotischen Spitzbogenfenstern und der achteckige Helm 1478 aufgesetzt wurden. Bemerkenswert ist im Innern die Viergeschossigkeit des Mittelschiffs – eine Einzigartigkeit, die lediglich im Vorbild Limburger Dom eine Entsprechung findet. Die Seitenschiffe besitzen dekorative Kreuzgewölbe mit hängenden Schlusssteinen.

Eines der bekanntesten Fachwerkhäuser Deutschlands steht in unmittelbarer Nähe. Das **„Alte Haus“** (Oberstraße 61), das in mehreren Bauphasen (1389/90 (Mittelbau), Ende 16. Jahrhundert (Erker) und 1713) errichtet wurde, erhielt aufgrund seiner malerischen Gebäudegruppierung mit Ecktürmchen und mehreren Giebeln sowie Schmuckfachwerkformen eine Vorbildfunktion für viele Fachwerkhäuser, die im Historismus (19. und frühes 20. Jahrhundert) erbaut wurden (vgl. z. B. die Häuser in Bacharach entlang der Bahnlinie oder Hotel Krone in Assmannshausen).

Neben der Kirche steht zudem der **Alte Posthof** (Oberstraße 45–49), der ehem. Pfarrhof von St. Peter, seit 1770 Thurn und Taxische Post, heute Gastronomie, Touristeninformation und Museum. Der Gebäudekomplex mit malerischem Innenhof setzt sich aus verschiedenen Gebäuden zusammen, die z. T. noch mittelalterlich sind. (Winandturm von 1433). Seine heutige prägende Gestalt stammt im Wesentlichen von 1593–94.

Oberhalb von St. Peter und Altem Posthof erheben sich weithin sichtbar die Reste der gotischen **Wernerkapelle**, die ab 1289 nach einem Juden-Progrom an der Stelle einer älteren Kapelle als Grabes- und Wallfahrtskirche für den 1287 in Oberwesel angeblich von Juden ermordeten Knaben Werner erbaut wurde. Die Wallfahrt zum Grab des Werner war im ausgehenden 13. Jahrhundert von Bedeutung, nahm dann jedoch stetig ab. Durch die Sprengung der Burg Stahleck 1689 beschädigten herabfallende Steine die Kirche, die schließlich teilweise 1752, 1758 bzw. 1787 abgebrochen werden musste. Die Rheinromantik entdeckte im 19. Jahrhundert die malerische Wirkung der Ruine als eines ihrer beliebtesten Motive.

Nicht zuletzt war auch die **Burg Stahleck**, Höhepunkt der Bacharacher Stadtbefestigung, 1689 durch die Sprengung französischer Truppen zur Ruine geworden. 1909 erwarb der Rheinische Verein für Denkmalpflege und Landschaftsschutz die Ruine und

links: Bacharach, Wernerkapelle, 13.–14. Jahrhundert

oben: Blick vom Alten Posthof zur Wernerkapelle

unten links: Markttor der Stadtmauer, 14. Jahrhundert

unten Mitte: Alter Posthof, 1593–94, und Apsis der Pfarrkirche St. Peter

unten rechts: Altes Haus, 1389/90, 16. Jahrhundert und 1713

erbaute 1931 über den alten Grundmauern die noch bestehende Jugendherberge. 1965–67 errichtete man den weithin sichtbaren runden Bergfried mit dem Kegeldach. Eindrucksvoll ist die bergseitige hohe Schildmauer (Anfang 14. Jahrhundert) mit vorgelagertem wassergefülltem Graben.

Die **Stadtmauer** war von 1344 bis um 1400 erbaut worden. Das Krahntor im Süden, das Markttor in der Mitte, das Münztor im Norden und insbesondere das Steeger Tor im Westen an der Straße nach Steeg sind gut erhalten.

Im nahen **Ortsteil STEEG** ist die hochgotische **ev. Kirche St. Anna** aus der 1. Hälfte des 14. Jahrhunderts von Bedeutung. Das Innere der zweischiffigen Kirche ist von beeindruckender Weite und Großzügigkeit.

oben: Bacharach, Burg Stahleck, 14. und 20. Jahrhundert
links und unten: Steeg, St. Anna, 14. Jahrhundert

Kaub, ev. Kirche (rechter Gebäudeteil) und kath. Pfarrkirche St. Nikolaus (linker Gebäudeteil), ab 12. Jahrhundert

KAUB

Das am rechten Rheinuferstreifen gelegene Kaub wird 1275 als ummauerte Stadt bezeichnet. Seine Bedeutung erlangte der Ort im Mittelalter vor allem durch den ergiebigen Rheinzoll. Heute ist Kaub durch die faszinierende malerische Gruppierung von Stadt, Burg Gutenfels und der im Rhein gelegenen Zollburg Pfalzgrafenstein berühmt.

Wie ein Schiff mit scharfem Bug liegt die kurpfälzische Zollfeste Pfalzgrafenstein auf der Felsenklippe Falkenau mitten im Rhein. Von hier aus kontrollierte man das Fahrwasser, das nur auf der rechten Seite Richtung Kaub schiffbar war. Zugleich symbolisierte der Bau die Macht der Pfalzgrafen, die seit 1310 zunächst von der oberhalb von Kaub gelegenen Burg den Rheinzoll erhoben. Um 1339 wurde der Turm zusätzlich von einer Wehrmauer umgeben. Die nun als Pfalzgrafenstein benannte Anlage erhielt um 1658 einen breiteren, für Feuerwaffen geeigneten Wehrgang, der zum Innenhof offen ist.

Burg Gutenfels dürfte ab 1220 von den Herren von Falkenstein erbaut worden sein. 1277 erwarben die Pfalzgrafen die Anlage. Die Kernburg zählt zu einem der besten erhaltenen Beispiele staufischen Burgenbaus. Der ursprüngliche Burgenname lautete Burg

Kaub. Als jedoch 1504 die Burg 39 Tage erfolglos durch den Landgrafen Wilhelm von Hessen belagert worden war, benannte der siegreiche Kurfürst Ludwig der Friedfertige die Anlage in Gutenfels um.

Die Kirche in Kaub ist ein seltenes Beispiel ökumenischen Verständnisses seit der Barockzeit, da sie seit 1705 von zwei Konfessionen genutzt wird, der östliche Teil von der katholischen, der westliche von der evangelischen Gemeinde. Geprägt wird die Kirche durch den mächtigen spätromanischen Turm (12. Jahrhundert). An ihn schließt sich ein gotischer Bau des 15. Jahrhunderts an, der mehrfach vor allem im 16. Jahrhundert umgebaut wurde. Den ehemaligen Chor, der von den Katholiken genutzt wurde, ersetzte man 1769–72 durch den heutigen Barockbau.

Kaub, Pfalzgrafenstein und Burg Gutenfels oberhalb von Kaub.
Die Zollburg Pfalzgrafenstein wurde ab 1327 angelegt. Der Turm erhielt im 18. Jahrhundert seine heutige charakteristische achteckige Turmhaube mit Laterne

OBERWESEL

Die Ansiedlung war im 7. Jahrhundert fränkisches Königsgut. 1216 wird Oberwesel erstmals als Stadt bezeichnet, 1309 trierische Landstadt und Amtssitz. Die langgezogene, malerische Rheinansicht bestimmen noch heute die Bauten des Mittelalters: die Schönburg im Süden, die schlanke, rot leuchtende Liebfrauenkirche, die erhöht gelegene Pfarrkirche St. Martin im nördlichen Teil und die turmreiche **Stadtmauer** des 13. bis 15. Jahrhunderts – 16 von einst 21 Türmen sind erhalten. Hinzu kommt die **Wernerkapelle** (um 1290 – Mitte 14. Jahrhundert) mit ihrer markanten geschweiften Haube über dem Chor, der unmittelbar an der Stadtmauer am Rhein steht.

Die im frühen 12. Jahrhundert gegründete **Schönburg** wurde jahrhundertelang von den Herren von Schönburg bewohnt, die sich mit den jeweiligen Lehensherren – dem Kaiser, dem Erzstift Magdeburg und später Trier – zu arrangieren hatten. Die ältesten Bauteile bilden der kurz nach 1100 errichtete viereckige Tortum und die nördliche Baugruppe. Der überwiegende Teil der Burg geht jedoch auf das 13. und 14. Jahrhundert zurück. Die Burg, 1689 im Pfälzischen Erbfolgekrieg zerstört, wurde 1885–1901 instand gesetzt bzw. rekonstruierend und frei wiederaufgebaut. Den nördlichen Teil baute man 1951–53 als Jugendburg neu auf.

Die weithin sichtbare, leicht erhöht stehende, rot gestrichene **Liebfrauenkirche** (1308 – um 1390) gehört mit ihrer außergewöhnlich reichen mittelalterlichen Ausstattung zu den sehenswertesten Kirchen entlang des Mittelrheins. Hervorzuheben sind der Goldaltar (um 1345, einer der frühesten erhaltenen Flügelaltäre), das Chorgestühl und der kunstvolle Lettner. Wandmalereien aus der Zeit von etwa 1480 bis 1550 zeigen zudem meist neutestamentarische Szenen

oben: Oberwesel, Schönburg, ab 1100

links: Oberwesel, Zehnertor, 14. Jahrhundert, Stadttor nahe der Liebfrauenkirche

unten: Oberwesel, Stadtmauer, 13. Jahrhundert, mit rundem Ochsenturm, um 1400

oben und unten: Oberwesel mit der Schönburg und der Liebfrauenkirche

oben und rechts: Oberwesel, Liebfrauenkirche, 1308 – um 1390

und Heilige, oft in Verbindung mit realistischen Architektur- und Stadtansichten (Koblenz, Oberwesel und Köln). Die Architektur beeindruckt durch ihre klaren Strukturen, ihre Schlankheit und Größe. Der quadratische, 72 Meter hohe Westturm ist in das Mittelschiff eingestellt.

Malerisch liegt die Pfarrkirche **St. Martin** städtebaulich dominant auf dem Martinsberg in der Nordwestecke der Stadt. Die wesentlichen Bauteile wurden ab etwa 1350/55 nach dem Vorbild der Liebfrauenkirche als eine dreischiffige Basilika begonnen, aber nie vollendet, da das südliche Seitenschiff unausgeführt blieb. Die Fertigstellung des Mittelschiffs dauerte bis zum 2. Viertel des 15. Jahrhunderts. Der unvollendet gebliebene Westturm wurde in das Verteidigungssystem eingebunden.

links: Oberwesel, Liebfrauenkirche, Chor mit Goldaltar

unten links: Goldaltar, zwischen 1340 und 1351

unten rechts: Nikolausaltar, 1506

oben: Oberwesel, St. Martin, 14. Jahrhundert

rechts: Oberwesel, St. Martin, 14. Jahrhundert, und Wernerkapelle, Ende 13. und 14. Jahrhundert, um 1700

links: Oberwesel, St. Martin, Muttergottes, Mitte 15. Jahrhundert

LORELEY

Zwischen Kaub und St. Goarshausen liegt rechtsrheinisch der steile, 120 Meter hohe Felsen der Loreley, der durch die Biegung des Stromes hervorgehoben wird. An dieser Stelle wird der Rhein bis auf 130 Meter und damit ein Drittel seiner sonstigen Breite zusammengedrängt. Daher wird deutlich, dass es sich an der Loreley seit jeher um einen gefährlichen Engpass für die Schifffahrt handelt.
Bereits mittelalterliche Dichtungen berichten von Sagen um den Felsen. Sein noch bis zum Eisenbahnbau im 19. Jahrhundert bestehendes Echo war berühmt und wurde in den Sagen damit begründet, Zwerge würden die hohlen Felsen bewohnten. Zugleich bestand die Auffassung, der Nibelungenschatz sei im Loreleyfelsen verborgen.

oben und unten: Loreleyfelsen

S. 65: St. Goarshausen mit Burg Katz, ab 1360, bzw. ev. Pfarrkirche, 1860–63, und Johanneskirche, 1923–25

ST. GOARSHAUSEN

St. Goarshausen, das 1324 das Stadtrecht erhielt, verlor um 1860 durch den Eisenbahnbau einen Teil seines historischen Ortskerns. Als Entschädigung für den Abbruch der alten Kirche entstand 1860–63 nach Plänen des nassauischen Baurats Eduard Zais die heutige ev. Pfarrkirche. Auch die kath. Johanneskirche (1923–25) gehört der jüngeren Epoche an.
Über der Stadt thront weithin sichtbar die Burg Katz, die um 1360 bis 1371 im Auftrag des Grafen Wilhelm II. von Katzenelnbogen zur Sicherung des rechtsrheinischen katzenelnbogischen Gebiets als Burg Neukatzenelnbogen (kurz Burg Katz) erbaut wurde. Sie sollte einen Vorposten für die gegenüberliegende mächtige Festung Rheinfels, dem Hauptsitz der Grafen von Katzenelnbogen oberhalb von St. Goar, bilden. Im Dreißigjährigen Krieg teilweise zerstört, im 17. und 18. Jahrhundert verstärkt, 1806 gesprengt, 1842 z. T. instand gesetzt erhielt die Burg 1896–99 ihr heutiges Aussehen. Aus der frühen Bauphase stammen der ehemals 45 Meter hohe Bergfried, Teile der Schildmauer und der Zwinger.
Wenige Kilometer östlich von St. Goar liegt **REICHENBERG** mit seiner gleichnamigen eindrucksvollen Burg. Ab 1319 erbaut, sollte sie den Verbindungsweg zwischen dem Kerngebiet der Grafschaft Katzenelnbogen und den Besitzungen am Rhein mit dem Zentrum St. Goar absichern.

oben: St. Goarshausen

links: Reichenberg, Burg, ab 1319

unten: Blick von Burg Rheinfels auf St. Goar mit seiner Stiftskirche St. Goar und St. Goarshausen mit Burg Katz auf dem gegenüberliegenden Rheinufer

ST. GOAR

Der Name der Stadt geht auf den hl. Goar zurück, der hier um 520 eine Einsiedelei, eine Kapelle und ein Hospiz errichtete. Er missionierte die Landbevölkerung, speiste die Armen und kümmerte sich um Reisende und Kranke. Sein Grab zog im Mittelalter viele Wallfahrer an.

Aus der Kirche mit der Grablege des hl. Goar ging der heutige Bau der **Stiftskirche** hervor. Ältester erhaltenen Teil der Kirche bildet die romanische Hallenkrypta (Ende 11. Jahrhundert), in der sich das Goar-Grab befand. Die Krypta wirkt aufgrund der Hanglage wie das Untergeschoss für den spätromanisch-frühgotischen Chor (um 1250). Neben dem Chor stehen die Flankentürme, ebenfalls um 1250. Das Langhaus ist eine spätgotische, dreischiffige Emporenhalle von 1444–70 mit eindrucksvollem Netzgewölbe und eingebautem Westturm (13. Jahrhundert und um 1469). Große kunsthistorische Bedeutung besitzt die Kirche durch ihre spätgotische Wand- und Deckenmalerei (um 1469–89) mit der Darstellung zahlreicher Heiliger. Die figurenreiche Kanzel stammt aus der Zeit um 1460.

Die Deckplatte des Goar-Grabes aus der Zeit um 1340 wurde 1658 in die neu errichtete kath. Pfarrkirche von St. Goar übertragen. Sie wird heute im Nachfolgebau, der ansprechenden neugotischen **kath. Pfarrkirche St. Josef** von 1889–91 aufbewahrt, die zudem eine spätgotische Kalvarienbergdarstellung (um 1480) als Hochaltarbild aufweist.

St. Goar, Stiftskirche Gewölbemalerei mit der Darstellung des hl. Goar

St. Goar, Stiftskirche St. Goar, 11.–15. Jahrhundert

Oberhalb von St. Goar liegt **Burg Rheinfels**, die einst mächtigste Befestigungsanlage am Mittelrhein. Obgleich nur etwa ein Drittel des ehemaligen Baubestandes erhalten blieb, hat sie ihre Monumentalität bewahrt. Burg Rheinfels ist eine Gründung des Grafen Diether von Katzenelnbogen aus dem Jahr 1245. Die Herren von Katzenelnbogen waren seit dem 12. Jahrhundert durch ihre rege Handelspolitik, die zum Erwerb zahlreicher Zollstätten am Mittelrhein führte, zu großer Macht gelangt. Im 15. Jahrhundert besaßen die Grafen außer in Mainz und St. Goar auch auf Ehrenfels, in Boppard, Rhens, Rolandseck,

St. Goar, Stiftskirche St. Goar, Kanzel, um 1460 (oben), und Krypta, Ende 11. Jahrhundert (oben Mitte)

unten: St. Goar, Festung Rheinfels

St. Goar, kath. Pfarrkirche, ehem. Grab-Deckplatte des hl. Goar, um 1340

St. Goar, Festung Rheinfels, ab 1245

S. 71 rechts: Wellmich, Burg Maus, ab 1357, und Pfarrkirche St. Martin, 14. Jahrhundert

S. 71 unten links: Welmich, Pfarrkirche St. Martin, gotische Wandmalerei, um 1400

Linz, Bonn, Düsseldorf und an der holländischen Grenze verschiedene Besitztümer. Burg Rheinfels wurde unter Graf Philipp von Katzenelnbogen (reg. 1444–79) zum Treffpunkt ranghoher Gäste des hohen und höchsten Adels. 1479 verstarb Philipp als letzter der Grafen von Katzenelnbogen. Ihm folgte Landgraf Heinrich III. von Hessen nach, der die Erbtochter geheiratet hatte.

Aus der ersten Bauphase des 13. Jahrhunderts stammen der viereckige Grundriss der Kernburg und der Bergfried. Im 14. Jahrhundert wurden unter anderem das so genannte dreigeschossige Frauenbau (heute Burgmuseum) und die vor dem Halsgraben gelegene neue Hauptburg als bergseitiger Schutz mit dem großen Marstall, der Schildmauer und mehreren Türmen erbaut. Die Landgrafen von Hessen bauten die Burg zu einer Residenz im Stil der Renaissance um. Zusätzlich wurden im 16. und 17. Jahrhundert moderne Befestigungssysteme, wie z. B. Kasematten und Vorwerke um die Kernburg, errichtet, die beispielsweise bei der Belagerung 1692 im Pfälzischen Erbfolgekrieg durch 28 000 Franzosen gegen nur 4000 Mann Besatzung auf der Festung Rheinfels standhielten. Durch diese Verteidigungsleistung fiel das Mittelrhein- und Moselgebiet nicht wie das Elsass unter französische Oberhoheit. Als 1796 jedoch die Übergabe an die französischen Revolutionstruppen erfolgte, wurden die Außenwerke gesprengt.

WELLMICH

Der kleine Ort erlebte in der 2. Hälfte des 14. Jahrhunderts seine kurze Blütezeit, als er befestigt und die landschaftsprägende Burg Maus errichtet wurde, Wellmich sogar 1357 Stadtrechte verliehen bekam.
Burg Maus (ursprünglich Deuernburg genannt), ab 1357 begonnen und zwischen 1362 und 1388 vollendet, hatte die rechtsrheinischen Besitzungen von Trier gegenüber dem katzenelnbogischen Rheinfels und die vorbeiführenden Verkehrswege zu sichern. Die Kernburg wird von einem schmalen Zwinger umgeben, dem im Osten ein breiter Halsgraben vorgelegt ist. Der Hauptbau hatte ehemals zwei Wohngeschosse über einem Keller. Der 10 Meter hohe Bergfried besitzt einen Durchmesser von 7 Metern
Aus dieser Blütezeit des Ortes stammt auch die heutige Kirche, wenngleich der Turm aufgrund seiner wehrhaften Form älter, nämlich romanisch wirkt. Die Baugeschichte ist relativ kompliziert, wenngleich die Bauphasen wohl überwiegend in das 14. Jahrhundert zu datieren sind. Der Innenraum birgt beachtenswerte Kunstschätze: einen Kruzifix (2. Viertel 15. Jahrhundert) im Hauptchor, ein Vesperbild (Mitte 14. Jahrhundert) in der Marienkapelle und große Wandmalerei (um 1400) an der Nordwand mit der Darstellung der Kreuzigung, der Martyrien der Apostel, des Jüngsten Gerichts mit Christus als Weltenrichter in der Mandorla, den Seligen im Himmel links und den Verdammten rechts, durch einen Engel in die Hölle gewiesen.

HIRZENACH

Etwas abgerückt vom Rheinufer steht die ehem. Benediktiner-Propsteikirche, eine romanische, flachgedeckte Pfeilerbasilika aus dem 1. Viertel des 12. Jahrhunderts. Aus dieser ersten Bauzeit stammen das Langhaus, das kaum vortretende Querhaus mit ausgeschiedener Vierung, das Vorchorjoch und die unteren Teile des mächtigen Westturms, dessen Westwand und obere Stockwerke um 1220/30 erneuert wurden. Um 1250 ersetzte man de romanische halbrunde Apsis durch den heutigen frühgotischen Chor und errichtete die kreuzrippengewölbte Vorhalle. Die reduzierte Ausstattung stammt überwiegend aus dem 18. Jahrhundert (z. B. Kanzel von 1789)

Hirzenach, Kirche St. Maria und Johannes Ev., 12.–13. Jahrhundert

Hirzenach, St. Maria und Johannes Ev. und Propsteigebäude, 1716

KAMP-BORNHOFEN

Bornhofen ist ein vielbesuchter Wallfahrtsort. Ein Gnadenbild wird bereits 1289 genannt. Das heutige, eine Pieta, stammt aus der 2. Hälfte des 15. Jahrhunderts. Die zweischiffige Wallfahrtskirche wurde 1391–1435 auf Veranlassung des Amtmanns der Burg Sterrenberg (oberhalb des Ortes), Ritter Johannes Brömser von Rüdesheim († 1420), errichtet. Die seit 1679 als Klostergemeinschaft zur Kirche gehörenden Kapuziner-Mönche ließen von 1680–84 die noch heute vorhandenen Klosterbauten und die kleine Gnadenkapelle (1691 geweiht) als Anbau sowie die Vorhalle (um 1698) errichten. Mit der Säkularisation 1803 folgte die Auflösung des Klosters. 1890 zogen die Franziskaner in die Klostergebäude ein.

Die zwei Burgen oberhalb des Ortes sind als die „Feindlichen Brüder“ bekannt: Sterrenberg und Liebenstein. Burg Sterrenberg entstand als Reichsburg wohl bereits Ende des 11. Jahrhunderts. In der Kernburg steht im Burghof der quadratische Bergfried (Ende 12. Jahrhundert). 1568 war die

Kamp-Bornhofen, Burg Liebenstein und Burg Sterrenberg (oben und unten) sowie Wallfahrtskirche (unten)

Kamp-Bornhofen, Wallfahrtskirche, Gnadenbild, 2. Hälfte des 15. Jahrhunderts (oben), und Wallfahrtskirche, 1391–1435, 1684–98 (rechts)

Burg bereits unbewohnt. 1906 richtete man eine Gastwirtschaft auf der Burg ein, die man 1995 erweiterte.

Graf von Löwenstein, unehelicher Sohn König Rudolfs von Habsburg, errichtete zwischen 1284 und 1289 Burg Liebenstein. Die Burg ist jünger als das tiefergelegene Sterrenberg und entstand wohl ursprünglich zum Schutz der Anlage. Um 1360 und 1380 erfolgten Ausbauten. Im Dreißigjährigen Krieg zerstört, 1652 wieder aufgebaut, brannte Liebenstein 1787 aus und verblieb als Ruine.

Den Nachbarort Kamp prägen Adelshöfe des späten Mittelalters und der Frühen Neuzeit, wie z. B. der Von der Leyensche Hof (16. Jahrhundert), Rheinufer Nr. 14/15 (14.–16. Jahrhundert) und der ehem. Wörther Hof (Rheinufer Nr. 18/19, 16.–18. Jahrhundert).

Die heutige kath. Pfarrkirche St. Nikolaus ist ein stattlicher neoromanischer Bau, 1902–04 nach Plänen des Wiesbadener Architekten Dormann als dreischiffige Pfeilerbasilika mit Westturm, Querhaus und Apsis errichtet.

Kamp, Rheinansicht mit kath. Pfarrkirche St. Nikolaus, 1902–04

Kamp, Adelshof Rheinufer Nr. 14/15, 14.–16 Jahrhundert, und Turm, 1870, der ehem. Pfarr- und Klosterkirche St. Nikolaus

Kamp-Bornhofen, Von der Leyenscher Hof, 1594.

BOPPARD

Boppard – bereits 803 als Stadt bezeichnet – kann auf eine jahrhundertelange konstante Besiedlung und auf eine überregionale Bedeutung seit der römischen Epoche zurückblicken. So wird angenommen, dass unter Kaiser Claudius (41–54 n. Chr.) im Zuge des Ausbaus der Rheintalstraße eine Befestigungsanlage entstand. Vom stattlichen spätrömischen Kastell (um 370) sind noch heute zahlreiche Mauerteile und Türme gut sichtbar erhalten. Auch aus frühchristlicher Zeit gibt es bedeutsame Befunde, darunter Grabsteine, die in der ehem. Stiftskirche St. Severus an ihrer Westwand im Innern angebracht sind.

Nicht zuletzt liegen auch die Ursprünge der stadtbildprägenden spätromanischen **Stiftskirche St. Severus** in spätrömischer Zeit. Ihre Nordwand steht auf der an der Kastellmauer gelegenen römischen Thermenanlage. Diese war Anfang des 5. Jahrhunderts zerstört worden. Wenige Jahrzehnte später wurde das verfallene Gebäude zur Kirche – einem Saalbau mit Apsis (32 x 9 m) – ausgebaut, dem ersten sakralen Vorgängerbau der heutigen Kirche, die um 1200 bis etwa 1235 errichtet wurde. Markant sind die eng stehenden Chorflankentürme, die sich durch eine reiche Wandgliederung auszeichnen. Wichtiges Schmuckmotiv der Türme und des Langhauses sind dabei breit gelagerte Kleeblattbögen, die z. B. auch an der Chorapsis von St. Kastor in Koblenz vorkommen. Das Mittelschiff der Emporenbasilika wirkt steil und dunkel. Die Innenausmalung des 13. Jahrhunderts wurde 1888–95 wiederhergestellt. An der Nordwand des Mittelschiffs ist die Legende des hl. Severus dargestellt. Das fast drei Meter hohe Triumphkreuz im Chor ist eines der bedeutendsten Werke spätstaufischer Holzplastik (um

Boppard, Gesamtansicht mit Kurfürstlicher Burg (links), St. Severus und Karmeliterkirche (rechts)

Boppard, Reste der römischen Stadtmauer

oben und rechts: Boppard, St. Severus, um 1200–1234

1230). Wertvoll sind zudem zwei Thronende Madonnen mit Jesuskind (um 1260 bzw. um 1450/60). Die Severuskirche zeugt von der Bedeutung der Stadt im hohen Mittelalter, die von der Förderung durch das Königtum kräftig profitierte.

Eine ungewöhnlich qualitätvolle Ausstattung besitzt die nördlich von St. Severus unweit des Rheins gelegene

Boppard, St. Severus, Thronende Madonna, um 1260

ehem. **Karmeliterkirche Unsere Liebe Frau**. Das 1262 gegründete Kloster ist nach Köln und Würzburg das drittälteste Karmeliterkloster in Deutschland. Mit dem Bau der heutigen Kirche wurde als einschiffiger, flachgedeckter Saalbau um 1300 begonnen. Um 1330 waren die Chorgewölbe vollendet. Gegen 1420/1430 erfolgt die Einwölbung des Langhauses. Wenig später (1439–44, Einwölbung 1454) erweiterte man die Kirche durch ein nördliches Seitenschiff, das fast die Größe des Langhauses besitzt. Die Klostergebäude wurden 1728–30 durch einen Neubau (heute Stadtverwaltung) ersetzt. 1803 wurde das Kloster aufgelöst. Am Außenbau steht in einer Nische die Kopie der sogenannten Traubenmadonna (Original um 1320/30), eine 105 cm hohe Steinfigur. Traditionell erhält sie jedes Jahr in der Hoffnung auf reiche Ernte die ersten reifen Trauben einer Weinlese-Saison als Geschenk. Zur bedeutenden Ausstattung gehören die Steinkanzel (14. Jahrhundert), eine Pieta (um 1420/30), ein überlebensgroßer Kreuzifix (1465), die Orgelempore (1460/70), das Chorgestühl (um

Boppard, „Traubenmadonna", Kopie, Original um 1320/30, am Außenbau der ehem. Klosterkirche des Karmeliterklosters Unserer Lieben Frau

Boppard, ehem. Klosterkirche des Karmeliterklosters Unserer Lieben Frau, Ansicht von Norden (rechts) und Chorgestühl, um 1460/70 (oben rechts)

1460/70), ein maßwerkgeschnitzter Dreisitz (um 1480) im Chor, eine Madonna (um 1480), der Kreuzaltar mit geschnitzten Kreuzigungsgruppe (um 1510/15), eine Doppelmadonna im Rosenkranzrahmen (Ende 17. Jahrhundert) und spätgotische sowie Frührenaissance-Grabdenkmäler, z. T. von überragender kunsthistorischer Bedeutung.

Die **Kurfürstliche Burg** – im Kastelltypus mit zwei runden Ecktürmen zum Rhein und verlängertem Nordflügel – steht an der Südwestecke der Altstadt. Sie wurde Anfang des 14. Jahrhunderts durch den mächtigen Trier Erzbischof Balduin als Stadtburg und zugleich Zollburg erbaut. Die Burg dokumentiert eine wichtige historische Entwicklung der Stadt: 1312 verlor die Reichsstadt Boppard ihre Unabhängigkeit und wurde an das expansive Kurtrier verpfändet. Boppard blieb bis zum Ende des 18. Jahrhunderts eine kurtrierische Landstadt. Größere Veränderungen an der Burg erfolgten um 1500 (nach einem Brand) und im 17. Jahrhundert. Seit 1840 wurden die 11 Meter breiten Gräben um die Burg zugeschüttet. In Teilen der Burg befindet sich ein Museum mit einer Bugholzmöbelausstellung und Exponaten zur Vor- und Frühgeschichte, sakralen Kunst und Stadtgeschichte.

Boppard, Häusergruppe Markt 2–6, 16.–19. Jahrhundert (oben links), und Haus Untere Marktstraße 24, 16. Jahrhundert, mit Masarddach des 19. Jahrhunderts (oben rechts)

Boppard, Kurfürstliche Burg, ab 1312

Filsen, kath. Pfarrkirche, 1873

OSTERSPAI

Umgeben von gepflegten Fachwerkhäusern des 17. bis 19. Jahrhunderts steht die kath. Pfarrkirche St. Martin. Während der Turm (12. Jahrhundert) noch aus romanischer Zeit stammt, ist das Langhaus ein weiter, heller, spätbarocken Saalbau von 1778/79, der 1954/1955 seinen heutigen Chor erhielt. Sehenswert ist der spätbarocke-frühklassizistische Hochaltar in Form eines Ziboriumaltars mit dem Kirchenpatron Martin.

An der Rheinuferstraße steht in der Nordwestecke des Burgbereichs der ehem. Wasserburg, von der sich ein Wohnturm des 14. Jahrhunderts erhalten hat, die kleine Petruskapelle. Der spätromanische Bau aus der Zeit um 1200 besteht aus einem Keller als Lagerraum und einem Kapellengeschoss mit flachrundem Chorerker.

Über dem Rheintal liegt Schloss Liebeneck, das um 1700 als Jagd- und Sommerschlösschen errichtet und 1873–74 durch den heutigen malerischen Neubau mit Eckturm ersetzt wurde.

Osterspai, kath. Pfarrkirche St. Martin, Hochaltar um 1779

Osterspai, Petruskapelle, um 1200

Osterspai, ehem. Wasserburg, 14. Jahrhundert.

BRAUBACH

Das Martinspatrozinium der ehem. Pfarr- und heutigen Friedhofskirche deutet auf eine alte fränkische Gründung. Die Kirche gehörte zu einem fränkischen Königshof und bezeugt die Bedeutung der Stadt im frühen Mittelalter. Die heutige romanische Kirche (12. Jahrhundert) erhielt im 13. Jahrhundert ihren gotischen Chor und im 16. Jahrhundert, als die Witwe des Landgrafen Philipp II. von Hessen, Anna-Elisabeth, die Kirche zur Hofkirche ausbauen ließ, eine Seitenschiff nach Süden.

Braubach besitzt einen gut erhaltenen Altstadtkern mit zahlreichen Fachwerkhäusern. Die ehem. Kirche St. Barbara, heute unmittelbar neben der Eisenbahnstrecke gelegen, wird seit 1969 als ev. Gemeindehaus genutzt. Die Barbarakirche übernahm von der Martinskirche die Funktion als Pfarrkirche, nachdem man infolge der Verleihung der Stadtrechte 1276 mit dem Bau der

Braubach, Martinskapelle, 12.–16. Jahrhundert (oben), und Fachwerkhäuser in der Altstadt (links)

unten: Braubach mit St. Barbara, 14. Jahrhundert (links) und der Marksburg (rechts)

oben und rechts: Braubach, Marksburg, 13.–15. Jahrhundert

Braubach, ehem. Kirche St. Barbara, 14. Jahrhundert

Stadtmauer begonnen hatte und selbstverständlich eine Kirche innerhalb des Ortskerns wünschte. Der Kirchturm erhielt dabei zugleich die Funktion als Nordwesteckturm der Stadtmauer. Turm und Chor sind seit der ersten frühgotischen Bauphase (Anfang 14. Jahrhundert) noch fast unverändert erhalten.

Die **MARKSBURG**, 1231 erstmals erwähnt, liegt oberhalb von Braubach auf einem steilen Schieferfelsen. Sie trägt seit dem 16. Jahrhundert den Namen des Patrons der Burgkapelle St. Markus. Da sie nie einen ernsthaften Angriff abzuwehren hatte, blieb sie bis 1945 in ihrer mittelalterlichen Gestalt fast unverändert und unzerstört. Trotz der Kriegsbeschädigung im 2. Weltkrieg gilt sie als die am besten erhaltene mittelalterliche Burg am Rhein.

Die Marksburg wurde kurz vor 1219 als Höhenburg mit Bergfried, romanischem Palas und Ringmauer angelegt und erhielt ihr heutiges Aussehen im späten Mittelalter, als unter anderem 1372 der gotische Kapellenturm mit der Burgkapelle und 1435 der Saalbau errichtet wurden. Im 15. Jahrhundert legte man den äußeren Zwinger mit Schalentürmen und Zugbrückentor an. Im 17. und 18. Jahrhundert wurden der Marksburg ein äußerer Zwinger, Bastionen, Geschützbatterien und Türme vorgebaut. Trotz weiterer Baumaßnahmen bewahrte die Marksburg ihren mittelalterlichen Charakter und wurde deshalb 1900 von der Deutschen Burgenvereinigung erworben und von dem Burgenforscher Bodo Ebhardt instand gesetzt und in Teilen – wie der obere Teil des Bergfrieds – rekonstruiert. Der Rittersaal, die Schmiede, die Burgküche, der Weinkeller und die Folterkammer wurden durch Ebhardt eingerichtet.

RHENS

Rhens war seit dem 7. Jahrhundert ein wichtiger Stützpunkt der Erzbischöfe von Köln. Vom 15. bis 17. Jahrhundert verpfändete Kurköln den Ort an die Grafen von Katzenelnbogen und später an deren Erben, die Landgrafen von Hessen. Seine überregionale historische Bedeutung verdankt Rhens als Versammlungsort der Kurfürsten, da hier die Gebiete der Erzbischöfe von Köln, Trier und – mit dem auf der anderen Rheinseite gelegenen Oberlahnstein – Mainz aneinander grenzten. Daher kamen hier seit dem 13. Jahrhundert die Königswähler zusammen, um über die Geschicke des Reichs zu verhandeln. Im 15. Jahrhundert bestiegen die in Frankfurt gewählten Könige auf ihrer Reise zum Krönungsort Aachen in Rhens den Königstuhl, um in einem förmlichen Akt vom Reich Besitz zu ergreifen. Den Königstuhl, der wohl auf Veranlassung Kaiser Karls IV. († 1378) errichtet worden war, zerstörten 1804/05 die Franzosen. 1842 wurde er unter Leitung des Architekten Johann Claudius von Lassaulx wiederaufgebaut und 1929 an die heutige Stelle versetzt.

Vor dem südlichen Stadttor der mittelalterlichen Stadtbefestigung steht innerhalb des Friedhofs die alte Pfarrkirche St. Dionysius. Die spätgotische Saalkirche (wohl frühes 16. Jahrhundert) wird durch den wehrhaften spätromanischen Westturm (um 1200) geprägt. Das Innere besitzt eine barocke Ausstattung (18. Jahrhundert).

Unterhalb des Friedhofhügels mit der alten Pfarrkirche steht die 1906–08 nach Plänen von Ludwig Becker erbaute neugotische Kirche St. Theresia – ein typischer Bau des späten Historismus.

Rhens mit St. Theresia, 1906–08 (links), der Marksburg im Hintergrund und St. Dionysius (rechts)

Rhens, Königsstuhl, 1842 (unten links), Rathaus, um 1500, und Haus Hochstraße 12, 1579 und 1946 (unten rechts)

LAHNSTEIN

Im südlichen Oberlahnstein bestand – wie in Braubach – ein fränkischer Königshof. Auch hier ist die älteste Kirche dem fränkischen Nationalheiligen Martin geweiht. 1338 fiel in Oberlahnstein der epochale, wenig später in Rhens verkündete Beschluss, dass ein rechtmäßig gewählter deutscher König auch ohne Krönung durch den Papst als Kaiser gelten dürfe. Dies war ein wichtiger Schritt, den kirchlichen Einfluss auf die Reichspolitik zurückzudrängen. Im Jahr 1400 wurde König Wenzel nahe der **Liebfrauenkapelle**, der sog. Wenzelskapelle (14. Jh., Reste 1905 zugunsten des Rangierbahnhofs an die Max-Schwarz-Straße versetzt) abgesetzt. Der gegen ihn auf den Schild gehobene Ruprecht von der Pfalz zählt zu den wenigen deutschen Königen, die auf dem Königsstuhl in Rhens gewählt worden waren.

Die ältesten Teile der **Pfarrkirche St. Martin** bilden die spätromanischen Chorflankentürme (um 1190) und die barock überformte Westfassade. Der alte Chor wurde ab 1332 durch den heutigen, das Langhaus 1775–77 nach Plänen von Thomas Neurohr durch eine größere Saalkirche, dem heutigen Mittelschiff, ersetzt. 1864 erhielt der Südturm seinen Geschossaufsatz. 1895–99 fügte man die Seitenschiffe mit Seitenchören an. Im Innern befinden sich qualitätvolle spätgotische Skupturen und neugotische Altäre.

In der Ortsmitte stehen das spätgotische **Rathaus** (um 1500) und am Platz gegenüber die **ehem. Hospitalkapelle St. Jakobus** (Mitte 14. Jahrhundert). Am Rhein steht die 1244 angelegte stattliche **Martinsburg**, die kurmainzische Zollburg, die ab Mitte des 14. Jahrhunderts ausgebaut und 1719–21 barock überformt wurde.

Bemerkenswert ist auch der ehem. **Salhof des Erzstiftes Mainz** (Hochstraße 7). An der Fassade des 1686 umgebauten Gebäudes sind die romanischen Fenster (12. Jahrhundert) freigelegt.

Oberhalb des Lahntals unmittelbar vor der Mündung der Lahn in den Rhein liegt **Burg Lahneck**. Sie wurde im Auftrag der Mainzer Bischöfe zum Schutz des 1220 durch Kaiser Friedrich II. erworbenen Lahnstein

Braubach, Salhof des Erzstifts Mainz, 12./17. Jahrhundert (oben), Rathaus, um 1500 (unten links), und Martinsburg, 1244, 14. Jahrhundert, 1719–21 (unten rechts)

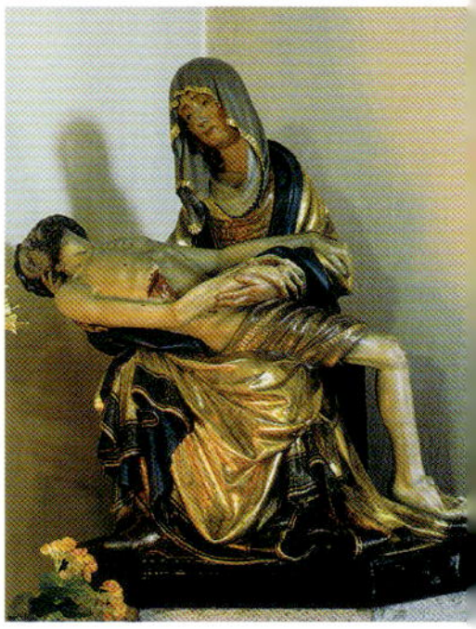

Lahnstein, St. Martin, Außenansicht (links), Pieta, frühes 15. Jahrhundert (oben), und Anna mit Maria und Jesuskind, Ende 15. Jahrhundert (unten)

Lahnstein, Burg Lahneck, 13.–15., 19. und 10. Jahrhundert.

und des einträglichen Silberwerks Tiefenthal, dem heutigen Friedrichssegen, errichtet. Zur ersten Bauphase (1232–45) gehört der hohe fünfseitige Bergfried. Die 1245 erbaute Burgkapelle wurde gegen 1863 neugotisch wieder aufgebaut. Um 1436 verstärkte man die Befestigungsanlage durch einen zweiten Burgring. Während des Dreißigjährigen Kriegs wurde Burg Lahneck 1632 und 1636 von den Schweden erobert und verwüstet. 1688 schossen französische Truppen die Dächer in Brand. Die malerische Ruine bewegte 1774 Goethe zu dem Gedicht „Geistesgruß". Seit 1854 begann der neue Eigentümer Edward A. Moriarty, ein englischer Eisenbahnunternehmer, mit dem neugotischen Wiederaufbau. Weitere Umbauten erfolgten ab 1907. 1936–38 wurden die neugotischen Zierformen wieder entfernt und Steildächer ausgeführt.

Unmittelbar am Rhein steht in Niederlahnstein die kunsthistorisch bedeutende ehem. Pfarrkirche **St. Johannes des Täufers** (seit 1906 Klosterkirche) aus der Mitte des 12. Jahrhunderts mit ihrer wiederhergestellten ursprünglichen Farbigkeit. Die drei Turmuntergeschosse stammen noch vom Vorgängerbau (1046 vollendet). Das Turmdachwerk (um 1136) ist das älteste am Mittelrhein. Die romanische Pfeilerbasilika besitzt im Innern ein Emporengeschoss mit Rundbögen, in die Vierlingsarkaden eingefügt sind. Sie ist damit die älteste erhaltene Emporenbasilika am Mittelrhein. Dieser Bautyp wurde später z. B. auch in Boppard, in Koblenz (Liebfrauenkirche) und in Köln (St. Ursula) ausgeführt.

Lahnstein (Niederlahnstein), Klosterkirche St. Johannes der Täufer, 12. Jahrhundert

BURG STOLZENFELS

Der Koblenzer Ortsteil Stolzenfels wurde mit der Errichtung der Burg Stolzenfels unter Erzbischof Arnold II. (1242–59) befestigt. Sie war die ehemalige Zollstelle und Sitz des Trierer Amtmanns. Der fünfseitige Bergfried ist der älteste um 1250 erbaute Teil der Burg. Ein weiterer Wohnturm auf der Rheinseite wurde um 1370 errichtet, der anschließende Saalbau kurz nach 1440. Im Pfälzischen Erbfolgekrieg wurde die Burg 1688 während der Belagerung von Koblenz zerstört.
1823 schenkte der Stadtrat von Koblenz die Ruine dem preußischen Kronprinzen Friedrich Wilhelm. Dieser ließ die Burg als Schloss 1835–46 nach Plänen von Karl Friedrich Schinkel und nach dessen Tod 1841 durch Friedrich August Stüler unter Erhalt des mittelalterlichen Baubestandes neu errichtet. Die Baumaßnahme war das Vorbild für die folgenden Burgumgestaltungen entlang des Mittelrheins. Das Schloss zeigt sich im englischen Tudorstil, dem in der 2. Hälfte des 18. und 1. Hälfte des 19. Jahrhunderts vor allem in England beliebten Baustil für Schlossanlagen. Der Stil zeichnet sich durch die Verwendung flacher Dächer und Zinnenbekrönungen aus.
Auch die Innenräume wurden neugotisch und im Sinne einer Ritterromantik sowie analog zu englischen Landhäusern bzw. Burgen ausgestat-

oben und unten: Burg Stolzenfels, 13.–15. Jahrhundert, 1835–46

oben: Koblenz-Stolzenfels mit Burg und Pfarrkirche St. Menas; Burg Stolzenfels, Innenhof

rechts: Koblenz-Stolzenfels, Pfarrkirche St. Menas, 1831–33

tet. Hervorzuheben sind dabei die historisierenden Wandbilder, die Szenen aus dem Mittelalter illustrieren und z. T. von Hermann Stilke 1841 geschaffen wurden, sowie die Sammlung historischer Waffen- und Rüstungen.

Der Rheinseite vorgelagert ist eine neugotische Schlosskapelle, die August Stüler über älteren Resten 1843–47 erbaute. Vorzüglich sind die Wandmalereien des im Nazarenerstil geschulten Ernst Deger mit Szenen aus der Bibel vom Sündenfall und der Vertreibung aus dem Paradies bis hin zum Pfingstwunder und Jüngsten Gericht.

Die kath. Pfarrkirche St. Menas liegt am Fußweg zum Schloss. Ihr Vorgängerbau, seit 1197 bezeugt, wurde 1328 dem hl. Menas geweiht und 1819 wegen Baufälligkeit abgebrochen. Der heutige Bau von 1831–33 nach Plänen von Johann Claudius von Lassaulx ist einer der frühen Rundbogenstilkirchen mit neoromanischen Detailformen. Die flachgedeckte Saalkirche mit halbrunder Apsis besitzt qualitätvolle spätgotische Ausstattungsstücke, darunter einen Kruzifixus (Mitte 15. Jahrhundert) und einen hl. Sebastian (um 1500).

KOBLENZ

Koblenz wurde kurz nach Christi Geburt als Kastell zur Sicherung des Moselübergangs der Straße von Mainz nach Köln erbaut. Der Ort entwickelte sich in der Folgezeit zu einer florierenden römischen Handels- und Verkehrsstadt mit einer hölzernen Moselbrücke und wenig später auch über den Rhein. Nach Frankenüberfällen erhielt die Stadt um 300 einen festen Mauerring.
Ab dem 5. Jahrhundert bestand im fränkischen Koblenz ein wichtiger Königshof. Der Ort war das Zentrum eines als Fiskus bezeichneten ausgedehnten Reichsgutbezirks. In spätkarolingischer Zeit wurde das 836 geweihte Stift St. Kastor vor den römischen Mauern kulturelles Zentrum. 1018 schenkte Kaiser Heinrich II. den Fiskus Koblenz dem Erzbischof von Trier. Mit dem Übergang dieses wirtschaftlich wie strategisch bedeutsamen Platzes in das Trierer Herrschaftsgebiet begann die Herrschaft der Trierer Erzbischöfe am Rhein, die bis zur Französischen Revolution andauern sollte. Im frühen 13. Jahr-

Koblenz mit Deutschem Eck, Liebfrauenkirche, St. Florin und Mittelrhein-Museum

Blick von Ehrenbreitstein auf Koblenz

Koblenz, Deutschherren-Haus (ehem. Komturswohung der Deutschordenskommende), 15. Jahrhundert

hundert ließen sich der Deutsche Orden (1216), die Dominikaner (1233) und die Franziskaner (1236) nieder. 1343 errichtete man unter Erzbischof Balduin die Moselbrücke. Im 15. Jahrhundert ging von den Stiften St. Kastor und St. Florin eine herausragende geistige Ausstrahlungskraft aus, als mit Winand von Steeg in St. Kastor und Nikolaus von Kues in St. Florin

Koblenz, St. Kastor, Apsis von ca. 1150–60

Gelehrte von europäischer Bedeutung tätig waren. Während der Reformationszeit blieb Koblenz katholisch.

In den folgenden Jahrhunderten wirkte sich die günstige Verkehrslage in Kriegszeiten verheerend aus. So wurde die Stadt immer wieder befestigt, teilzerstört, entfestigt und wieder aufgebaut, so während des Dreißigjährigen Kriegs, im Pfälzischen Krieg 1688, während der Franzosenzeit und im 2. Weltkrieg, als die Kernstadt zu 85 % zerstört wurde.

Die verkehrsgünstige Lage wird vor allem am „Deutschen Ecke“ offenkundig, der Mündung der Mosel in den Rhein. Seinen Namen trägt diese Stelle durch den Deutschen Orden, der hier 1216 durch den Trierer Erzbischof Grund und Boden aus dem Besitz des Stiftes St. Kastor erhielt. Von dem **Deutschherren-Haus**, dem Sitz des Komturs, d. h. der Koblenzer Niederlassung des Deutschen Ordens, die unmittelbar vom Hochmeister unterstand und zahlreiche Besitzungen von Mecheln bis Mainz verwaltetet, wurde nach den Zerstörungen im 2. Weltkrieg von der ehemalige Dreiflügelanlage nur der Rheinflügel wiederhergestellt. Die zum Deutschen Orden gehörende 1306 geweihte Hallenkirche ist nicht erhalten.

Auf der **Landzunge des „Deutschen Ecks“** steht das Reiterdenkmal für Kaiser Wilhelm I. von 1897. Das kupfergetriebene Reiterstandbild (1945 zerstört, 1993 als Nachbildung wiedererrichtet) entwarf Emil Hundrieser. Den Entwurf für die Anlage und die Sockelarchitektur lieferte Bruno Schmitz, der auch das Völkerschlachtdenkmal in Leipzig schuf.

Die benachbarte Kirche **St. Kastor** bildete im frühen und hohen Mittelalter das kulturelle und religiöse Zentrum von Koblenz. Der Gründungsbau wurde über einem römischen Umgangstempel erbaut und 836 durch Erzbischof Hetti im Beisein von König Ludwig dem Frommen geweiht, nachdem ein Tag zuvor die Gebeine des hl.

Koblenz, St. Kastor, Kanzel, 1625

Kastor von Karden an der Mosel in die Kirche gekommen waren. Dieser Bau ist in den Fundamenten, beim Querhaus bis zu den Kämpfern des Chorbogens und wohl auch im Westbau erhalten. Der Westbau erhielt seine Gestalt als Doppelturmfassade in der 1. Hälfte des 11. Jahrhunderts. Um 1150/60 wurde der Chor mit den beiden Flankentürmen errichtet. Nach größeren Zerstörungen 1198 im Krieg zwischen Philipp von Schwaben und König Otto IV. entstand bis 1208 (Weihe) das breite und niedrige romanische Langhaus mit gewölbten Seitenschiffen und flachgedecktem Mittelschiff. Wenig später erhielten die Westtürme ein zusätzliches Geschoss und die beiden verhältnismäßig steilen Rautenhelme. Im späten 15. Jahrhundert erfolgte die Einwölbung des Langhauses und die Neueinwölbung der Vierung mit einem Netzrippengewölbe.

Koblenz, ehem. Stiftskirche St. Kastor, 9., 11.–13. Jahrhundert, Fassade (oben links) und Grabmal des Erzbischofs Kuno von Falkenstein († 1388) (oben rechts)

Die ehem. Stiftskirche **St. Florin** ist seit 1818 ev. Pfarrkirche. Sie geht auf die Kapelle des benachbarten fränkischen Königshofs zurück. Der heutige Bau wurde um 1100 errichtet. Der Chor stammt aus der Mitte des 14. Jahrhunderts. Die Kirche war zunächst in allen Teilen flach gedeckt und erhielt seit dem 15. Jahrhundert schrittweise eine Einwölbung. Bemerkenswerteste Ausstattungsstücke sind zwei Glasfenster von etwa 1330 und aus dem 2. Drittel des 14. Jahrhunderts.

Neben der Kirche stehen der **Bürresheimer Hof** (ab 1654) mit seinem geschweiften Giebel, das **Kauf- und Tanzhaus** (1419–25, 1724 umgestaltet, heute **Mittelrhein-Museum**) sowie das **Schöffenhaus** (1528–30). Das Mittelrhein-Museum besitzt eine große Sammlung mittelrheinischer Kunst insbesondere gotische Skulpturen und bedeutende Gemälde der Rheinromantik.

Richtung Balduinsbrücke (Moselbrkcke) steht unmittelbar an der Mosel die **(kurfürstliche) Alte Burg**, die ursprünglich von einem breiten Graben umgeben war. Das dreigeschossige

oben und rechts: Koblenz, ehem. Stiftskirche St. Florin, um 1100, 14. und 15. Jahrhundert

Koblenz, Bürresheimer Hof (ab 1654), Kauf- und Tanzhaus (heute Mittelrhein-Museum, 1419–25, 1724) und Schöffenhaus, 1428–30

rechts: Alte Burg, ab 1277

Burghaus mit mächtigem Walmdach und zwei Rundtürmen entstand ab 1277 auf Resten der römischen Stadtmauer. Das achteckige, als Kapelle genutzte Obergeschoss des Ostturms ließ Erzbischof Otto von Ziegenhain (1418–30) errichten. Weitere Veränderungen folgten insbesondere im 16. und 17. Jahrhundert.
Die im Zentrum der Altstadt gelegene **Liebfrauenkirche** war vom späten Mittelalter bis zur Französischen Revolution die Hauptpfarrkirche von Koblenz. Die Bauarbeiten zum heutigen Bau begannen 1180. 1205 war die dreischiffige Gewölbebasilika vollendet. Den Chor verlängerte man 1404–30 mit dem spätgotischen Langchor. Um 1470 ersetzte man das Gewölbe des Mittelschiffs durch die heutigen

oben und rechts: Koblenz, Liebfrauenkirche, 1180–1205, um 1220/30, 1404–30

unten: Koblenz, ehem. Jesuitenkirche St. Johann, 1617, 1958/59

prunkvollen Netzrippengewölbe. Die 1688 zerstörten Turmhelme des Westbaus wurden 1693/94 erneuert.
Von der **ehem. Jesuitenkirche St. Johann** (1613–17) blieb nach der Zerstörung im 2. Weltkrieg nur die dekorative Fassade im Stil der Renaissance erhalten. Die heutige Kirche ist ein qualitätvoller moderner Bau von 1958/59 des bedeutenden Architekten Dominikus Böhm. Die Gebäude des Jesuitenkollegiums werden heute als Rathaus genutzt.
Das **kurfürstliche Residenzschloss** (1776–92) am Rheinufer der Architekten Michel d'Ixnard und François Peyre d. J. gilt als einer der letzten monumentalen Schlossbauten des 18. Jahrhunderts und zugleich als erster und bedeutendster frühklassizistischer Bau im Rheinland. Da der Kurfürst 1792/93 und endgültig 1794 vor den französischen Revolutionsheeren aus Koblenz floh, blieb die Innenausstattung unvollendet.
Die rechte Rheinseite (Koblenz-Ehrenbreitstein) wird von der mächtigen **Festung Ehrenbreitstein** geprägt, die sich gegenüber der Moselmündung in 118 Meter über dem Strom auf steil ansteigendem Felsen erhebt. Es handelt sich um eine der

stärksten in Europa errichteten Festungsanlagen. Eine erste Burganlage war Ende des 10. Jahrhunderts angelegt und später immer wieder erweitert worden. Anfang 16. Jahrhundert erbaute man die erste bastionierte Anlage, die bis ins 18. Jahrhundert stetig erweitert wurde. Dennoch gelang des den französischen Truppen 1801, nachdem die kurtrierische Besatzung ausgehungert worden war, die unbezwingbare Festung zu erobern und restlos zu zerstören. 1815–32 erfolgte die Neubefestigung in Anlehnung an die barocke Anlage, jedoch in moderner Formensprache und Technik, und damit die Erstellung des heutigen Zustands. Heute befinden sich hier unter anderem das Landesmuseum Koblenz (Hohe Ostfront), eine Archäologische Ausstellung (Contregarde rechts), zwei Restaurants und die Jugendherberge.
Unterhalb der Festung Ehrenbreitstein stand ursprünglich die kurfürstliche Residenz von 1626–32, die sog. Philippsburg, die seit der Vollendung des Neuen Schlosses in Koblenz 1786 leer stand und Anfang des 19. Jahrunderts abgebrochen wurde. Erhalten

Koblenz, Kurfürstliches Residenzschloss, 1776–92

Festung Ehrenbreitstein, ab 16. Jahrhundert, 1815–32

Dikasterialgebäude, ab 1739, und Pagerie, 1690–92 (im Bild links)

Festung Ehrenbreitstein, ab 16. Jahrhundert, 1815–32

blieben von den Nebengebäuden die **Pagerie**, der ehem. Festungspfortenbau, 1690–92 von Johann Christoph Sebastiani erbaut, und das ab 1739 nach Plänen von Balthasar Neumann errichtete **Dikasterialgebäude**, ein langgestreckter Bau von hoher künstlerischer Qualität.

Ehrenbreitstein besitzt noch Reste des historischen Stadtkerns mit einigen interessanten Wohnhäusern aus der Barockzeit und der **Kapuzinerkirche** (1657 geweiht) mit qualitätvollen Altären von 1753 des Hofarchitekten Johannes Seiz.